수학
잘하는 환경은
따로 있습니다

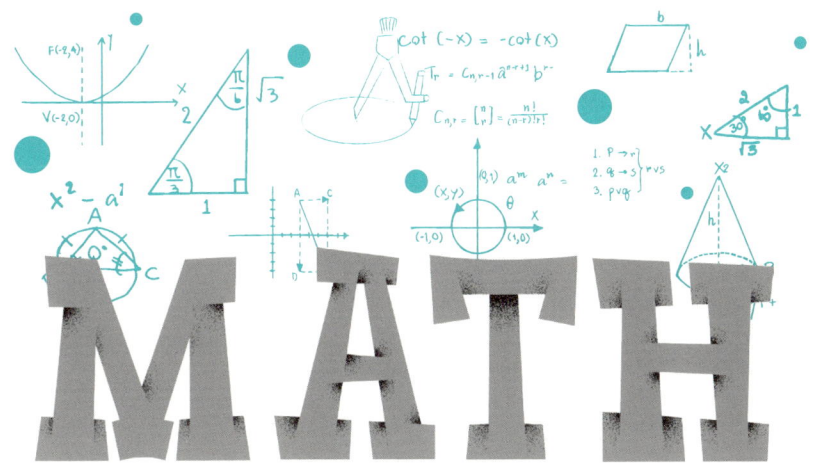

'수학 좋아하는 아이'를 만드는 학습환경의 힘

수학
잘하는 환경은 따로 있습니다

천지민 지음

프롤로그

저는 아이들을 좋아합니다. 아이들을 만나고 대화하고 함께 공부하는 것이 무척 행복합니다. 아이들의 반짝이는 눈빛, 수줍은 미소, 입술을 앙다물고 문제에 집중하는 표정, 이 모든 걸 사랑하고요. 아이들 한 사람 한 사람을 대할 때마다 하나의 우주를 만나는 것 같아 감격에 벅찰 때가 많습니다.

이토록 소중한 아이들이 때때로 풀이 죽어 있는 모습을 볼 때면 마음이 아픕니다. 다름 아닌 수학 때문이지요. 상담을 하다 보면 어머니는 답답해하고 아이는 시무룩할 때가 많습니다. 수학이 뭐기에 우리 소중한 아이들을 괴롭게 하는 걸까요.

많은 시간을 들이고도 원하는 대로 성적이 나오지 않는 과목이 수학입니다. 부모들은 아이들이 수학을 잘하지 못하는 원인을 '열심히 하지 않아서'라고 생각하는 편입니다. 그러나 저는 오랫동안 아이들에게 수학을 가르치면서 이것이 잘못된 생각이었다는 걸 깨달았습니다.

저는 5~7세부터 고3까지 폭넓은 연령대의 아이들을 가르쳐 왔습니다. 수학 영재들과 최상위권 아이들도 많았는데요. 이들에게는 공통된 특징이 있었습니다. 어릴 때부터 남들과는 조금 다른 시간을 보냈다는 것 말입니다.

이 아이들은 미취학 시기에 일상 속에서 자연스레 수개념을 접하면서 수학을 친근하게 느꼈고, 초등 저학년 때부터는 쉬운 문제풀이를 통해 작은 성공 경험을 쌓아나갔습니다. 부모는 아이가 작은 성공을 달성할 때마다 아낌없는 칭찬을 쏟아부었습니다.

아이들은 부모의 말을 들으면서 수학에 대한 자신감과 성취감을 갖게 되었습니다. 긍정적인 정서가 충만해지니까 누가 시키지 않아도 열심히 노력하게 되었고, 수학을 잘하게 되었습니다. 이같은 특징을 발견하면서 '수학을 잘하는 환경은 따로 있다'는 사실을 절감했습니다. 수학을 잘하는 환경이란 재미·흥미가 있고, 주도권이 보장되며, 칭찬과 격려가 가득한 환경을 말합니다. 수학을 잘하는 아이들은 일찍부터 이런 환경에서 자란 덕분에 학습과 스스로에 대해 긍정적인 정서를 가질 수 있게 되었습니다. 올바른 환경이 건강한 마음을 키우는 것입니다.

수학을 잘하려면 수학적 개념·원리·법칙을 완벽히 이해하고 숙지하여 활용·응용할 줄 알아야 합니다. 이해와 암기, 문제에의 적용, 응용, 여러 개념의 창의적 융합 등등은 오랜 시간 동안 차곡차곡 학습해나가야 가능해집니다. 절대 시간, 절대 노력이 필요하지요. 시간과 노력을 쌓아나가지 않고 단시간, 단발성의 노력만으로 잘할 수가 없습니다.

그래서 수학이 괴로운 아이들은 '지금 열심히 공부하지 않아서'가 아니라, 어릴 때부터 수학적 개념에 많이 노출되지 않았고 수학으로 인한 칭찬과 성공 경험이 없었을 가능성이 높습니다. 학교에 다니면서부터는 지나치게 어려운 난이도의 문제를 접했고, 풀이를 암기하는 학습이나 무작정 많은 양의 문제집을 푸는 양치기 학습을 했을 수도 있습니다. 수학을 잘하고 싶어도 잘하는 방법을 모를 것입니다.

이 아이들에게 필요한 것은 지금부터라도 수학을 재미있게 느낄 수 있고 수학에의 성공 경험을 쌓을 환경을 만들어주는 것입니다. 쉬운 문제 풀이로 자신감을 회복할 수 있도록, 수학을 어려워하게 만든 장애물을 극복할 수 있도록, 체계적인 학습법을 통해 실력을 쌓을 수 있도록 도와야 합니다.

저는 수학을 잘할 수 있는 환경 조성의 중요성과 올바른 수학 학습법을 널리 알리기 위해 이 책을 썼습니다. 24년간 수많은 아이들을 가르친 경험에 제 아이 셋을 키운 양육 경험을 더했습니다. 책의 1~2

장은 아이들이 수학을 질색하게 된 원인 세 가지, 2015 및 2022 개정 교육과정으로 인한 교육환경 및 수학 교과의 변화, 코로나발 학습결손 문제, 사교육 시장의 변화 등 현재 우리 아이들이 처한 학습환경을 분석하고 해결책을 제시하는 데 할애했습니다.

3~4장은 수학을 잘하기 위한 실질적인 노하우를 담았습니다. 미취학 때 올바른 학습환경을 조성하는 방법, 초중고 12년 수학 학습전략, 지필+수행 시대에 개념/연산/심화/논·서술형 학습법과 프로젝트 수업 준비방법 등 수학 때문에 고민 중인 부모들에게 꼭 필요한 정보를 정리하였습니다. 특히 (2027학년도까지) 문·이과 통합 수능과 (2028학년도부터) 미래형 수능의 방향성을 분석해 논·서술형 학습의 중요성을 강조한 대목은 현재 초중고 자녀를 키우는 부모는 물론 미취학 자녀를 키우는 부모도 꼭 눈여겨봐주시면 좋겠습니다.

오늘도 책상 앞에서 고군분투하면서 수학 문제와 씨름하고 있는 전국의 아이들을 뜨겁게 응원합니다. 이 책이 수학을 잘하고 좋아하는 아이를 키우는 데 조금이나마 도움이 될 수 있기를 진심으로 소원합니다.

목차
CONTENTS

프롤로그 _ 4

1장. 우리 아이는 왜 수학 공부를 하기 싫어할까?

1-1. 대치동에서 과외 수업을 하면서 느꼈던 점
"수학으로 성공한 경험이 있나요?" _ 14
대치동에서 깨닫게 된 진실 _ 19
환경이 만들어져야 마음이 싹튼다 _ 21

1-2. 우리 아이가 수학에 칠색 팔색 하는 이유
'앞'을 놓쳤다면 '뒤'도 붙잡을 수 없다 _ 29
답 맞히기에만 집중하면 문장제 문제풀이가 어렵다 _ 34
스스로 생각하기를 힘들어하는 아이들 _ 38
시선 집중_코로나19로 인한 학습결손, 어떻게 해결할까 _ 42

1-3. 우리 아이 교육환경 알아보기① 2015 개정 교육과정
과목 수 증가, 깊이 더해진 고등 수학 _ 48
책임을 다하지 못한 한글책임교육 _ 53
SKY가 목표였던 아이가 입시에 실패한 이유 _ 58

1-4. 우리 아이 교육환경 알아보기② 2022 개정 교육과정

문제해결력, 디지털·AI 소양을 중요시한 수학 교과 _ 64
고등학교 교육과정의 대변혁, 고교학점제 _ 69
디지털교과서와 학습 습관과의 상관관계 _ 74

1-5. 수학, 우리 아이의 미래를 좌우한다

미래인재가 되려면 수학을 잡아라 _ 77
'마음의 힘'에 '수학'을 더하면 _ 82
수학 영재들이 가지고 있는 의외의 재능 _ 85

2장. '수학 좋아하는 아이'로 키우기 위한 환경 만들기

2-1. 아이가 스스로 빛날 때까지 기다려주기

누구를 위한 공부일까 _ 93
아이는 부모의 인내만큼 성장한다 _ 96

2-2. 책읽기가 행복하면 수학도 행복해진다

책읽기가 교육현장에서 사라져 간다 _ 101
국제학업성취도평가(PISA)에서 한국 학생들의 실력이 낮아지는 이유 _ 107
사고력과 표현력 키워주는 책읽기 노하우 _ 109

2-3. 사교육 시장의 변화, 본질을 간파할 것

종이책 대신 패드로 공부하는 세상 _ 115
선행을 강조하는 학원들이 많은 이유 _ 120
삼중고에 시달리고 있는 어머니들에게 드리는 말씀 _ 123

2-4. '좋은 선생님'을 찾기 위한 노력이 필요하다

부모의 불안이 아이의 학습에 미치는 영향 _ 127
아이의 진짜 실력을 만들어주는 수학 선생님의 조건 _ 131
학원 vs. 과외 vs. 가정학습, 어떤 게 좋을까 _ 137

3장. 지필+수행 시대, 다섯 영역을 잡아라

3-1. [개념] 감각을 활용해 이해력을 높인다
절대 잊어버리지 않는 개념 학습의 세 단계 _ 143
개념 공부, 손이 부지런할수록 유리하다 _ 146

3-2. [연산] '문제를 빨리 풀어야 수학을 잘한다'는 착각에서 벗어나기
연산, 속도보다 정확성이 중요하다 _ 150
개념이 안 풀리면 연산에서 문제가 생긴다 _ 154
시선 집중_오답노트·풀이노트 작성법 _ 158

3-3. [심화] 수학 실력의 바로미터
왜 90점대에서 50점대로 추락했을까 _ 164
올바른 심화 학습법 _ 169
심화 학습의 핵심 키워드, 수학적 사고력 _ 173

3-4. [논·서술형] 적은 양이라도 한 글자씩 써보기
공포감을 극복할 수 있다면 _ 176
논·서술형 만점을 위한 학습법 _ 181

3-5. [프로젝트 수업] 수다스러운 아이가 인정받는다
재미있게, 흥미롭게 수학을 탐구하는 수업 _ 186
수학 실력에 적극성과 수다력을 더하면 _ 189
시선 집중_우리 아이 학습능력에 맞는 교재 구성법(초등~고등) _ 193

4장. 미취학~고3까지 수학 학습 전략

4-1. [미취학] "나는 뭐든 잘하는 아이"라는 확신 심어주기
일상 속에서 자연스럽게 수 개념 터득하기 _ 201
수학 영재의 부모는 이렇게 말한다 _ 203
하루 최대 10분을 넘기지 않는다 _ 206

4-2. [초등기] 자신감과 성취감을 차곡차곡 쌓아올린다
교과서 위주 학습, 쉬운 문제부터 단계별로 올라가기 _ 208
틀려도 되는 문제 개수를 정해주자 _ 215
수학이 재밌거나 힘들다는 말을 한 번쯤 의심해야 하는 이유 _ 218

4-3. [중등기] 수학 실력이 단계적으로 성장하는 시기
개념을 확실하게 이해·암기하고, 모를 땐 넘어가지 않는다 _ 222
자신감에 성실함을 더하면 자기주도학습이 탄생한다 _ 229
사춘기, 쉬어가는 시간이 필요하다 _ 232

4-4. [고등기] 어떤 문제에도 대처하는 능력자로 우뚝 서기
9등급이 1등급 되는 기적, 가능할까 _ 238
문·이과 통합 및 '2028 대입제도 개편 시안'에 따른 내신&입시 전략 _ 244
최상위 수학 능력자가 되기 위한 네 가지 조건 _ 261

에필로그 _ 265

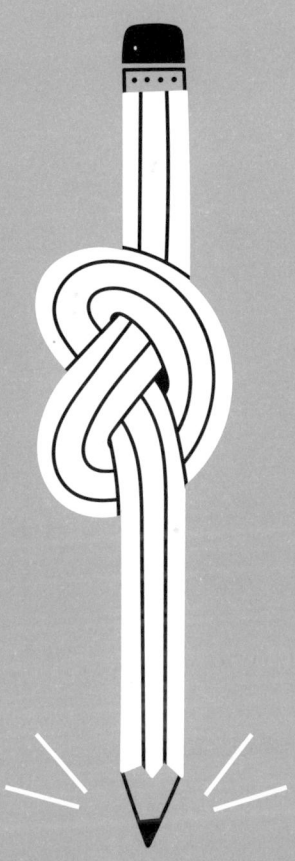

1장
우리 아이는 왜 수학 공부를 하기 싫어할까?

 MATH

대치동에서
과외 수업을 하면서 느꼈던 점

"수학으로 성공한 경험이 있나요?"

말 그대로입니다. 자녀의 수학 공부 때문에 고민이라는 부모들을 만날 때마다 저는 이렇게 말합니다. 이 질문은 제가 아이들을 가르칠 때 가장 궁금하면서도 중요하게 생각하는 주제입니다.

질문을 받은 부모들은 대개 고개를 갸웃하며 별다른 답을 하지 못합니다. 아이가 어릴 때 그런 경험을 해본 적은 딱히 없었던 것 같고, 현재 수학을 잘하는 건 고사하고 수학이라면 칠색 팔색을 할 정도라는 거죠. 그러면서 부모들은 이렇게 덧붙입니다.

"사실 저도 학창시절 때 수학을 싫어했어요. 저 닮았으면 당연하죠."

그렇습니다. 톡 터놓고 말해 이 땅에 살아가는 대다수는 수학을 싫어하고, 수학 때문에 마음의 상처를 입은 경험이 있습니다. '나란 인간이 과연 쓸모가 있는 걸까'란 의구심과 좌절감마저 강제됩니다. 오죽하면 수포자란 말까지 나왔을까요. 생각해보면 참 마음 아픈 일입니다.

수학을 싫어하는데 어떻게 잘할 수 있을까요. 모름지기 좋아하는 마음이 들어야 그것을 위해 더 노력하게 되는 법입니다. 혹시나 중도에 위기를 만나더라도 좋아하니까 극복하려고 힘을 냅니다. 즉, 우리 아이들이 수학을 잘하려면 수학을 좋아해야 하고, 수학을 좋아하려면 수학을 싫어하게 된 원인을 찾아서 해소해야 합니다. 빛나는 미래를 꿈꿔야 할, 너무나 귀한 우리 아이들이 수학 때문에 자신감을 잃고 스스로를 부정적으로 생각하게 돼서는 안 됩니다.

그렇다면 우린 왜 수학을 싫어하게 된 것일까요. 이에 대한 답을 이미 앞서 (질문의 형태로) 드렸습니다. 우리가 수학을 싫어하는 이유는 '수학으로 성공한 경험'이 없기 때문입니다. 저는 이 사실을 대한민국 사교육 1번지로 꼽히는 지역에서 과외 수업을 하면서 깨닫게 되었습니다.

처음 과외 수업을 했던 지역은 대치동과 분당이었습니다. IMF 세대 학번이어서 대학교에 입학하자마자 학비를 벌기 위해 과외를 시작했습니다. 공부하는 걸 좋아하고 가르치는 것 또한 좋아했기에 과외는 제게 딱 맞는 아르바이트였죠. 열심히 수업에 임한 덕분에 어머니들 사이에서 입소문이 퍼져서 소개가 이어졌고, 10년 넘게 그 지역에서 제법 인기 있는 과외 선생으로 일하게 되었습니다.

대치동과 분당은 우리나라에서 자녀교육 열기가 뜨겁다고 손꼽히는 지역이고, 제가 만났던 아이들은 모두 학업능력이 뛰어나고 학교 성적도 우수했습니다. 그 아이들을 통해 소위 대한민국 사교육 1번지에서는 아이들이 어떻게 공부하고, 학원에서 어떤 수업을 하는지를 알게 되었습니다.

당시 대치동 학원가에서 수학을 가르치는 방식은 이러했습니다. 교재는 '기본, 응용, 심화, 경시'로 나뉘어 있었고, 학원에서 2~3개월에 한 번씩 실시하는 정기 테스트에서 좋은 점수를 얻어야 상위 반으로 올라갈 수 있었습니다. 심화 문제를 푸는 능력을 갖춘 아이들이 진급했지요. 초등 의대반의 경우 3~4학년부터 중등 수학을 선행하는 수업이 진행되었습니다.

부모들은 테스트 결과에 촉각을 곤두세웠고, 아이 스스로 풀어내기 어려운 심화 비중이 높은 만큼 별도의 과외를 붙여서 심화 문제를 학습하도록 했습니다. 학원 수업을 돕기 위한 과외라 일명 '새끼 과외'라 불리는데요. 부모들은 어떤 교재를 얼마만큼 진도를 나가 달라고 정리해서 과외 선생님에게 전합니다. 그때 심화 문제의 난이도를 오늘날 교재로 비교한다면 『디딤돌 최상위』(초등), 『일품』『에이급』(중등), 『블랙라벨』『1등급 만들기』(고등) 정도라고 할 수 있겠습니다.

부모들의 입시 목표는 서울 최상위권 혹은 상위권 대학교, 이왕이면 의대에 진학시키는 것이었습니다. 그 정도의 학교에 입학하려면 어느 정도 수준의 문제집을 풀어야 한다는 정보가 알려져 있었고, 아이들은 학원과 부모의 지도에 따라 해당 문제집을 쌓아놓고 풀었습니다. 아이들이 매일 풀어내는 문제량은 엄청났습니다. 막대한 분량의 문제를 풀어내는 양치기 학습이란 말이 괜히 탄생한 게 아니었죠. 저는 그런 사교육 시장의 수혜자였습니다. 제게 맡겨진 일에 아무런 문제의식을 느끼지 못한 채 아이들을 가르치는 데 열정을 다했습니다.

"선생님께서 수업을 잘 진행해주셔서 저희 둘째도 맡기고 싶은데요."

어머니들은 제게 맡긴 아이들의 성적에 만족감을 표하면서 둘째, 셋째 아이의 과외를 의뢰했습니다. 인정을 받아서 더 많은 의뢰를 받게 돼 자랑스러웠죠. 의뢰받은 아이들 중에는 초등학생도 있었는데요. 뭔가 잘못되어가고 있다는 생각을 하게 된 건 이때부터였습니다.

대치동에서 깨닫게 된 진실

아이들은 어린 나이임에도 굉장히 많은 학습량을 소화하고 있었습니다. 그날 정해진 학습량을 마치는 것에 관심이 많았고, 수업시간 중에 한눈을 파는 경우가 없었죠. 제가 설명하는 걸 들을 땐 고개를 끄덕였지만, 2~3주 지나서 똑같은 문제 혹은 비슷한 유형의 문제를 제시하면 풀지 못했습니다. 그게 너무나 이상해서 수업 과정을 되짚어 보면서 곰곰이 생각했습니다. 그리고 곧 원인을 알아차렸죠. 그 어떤 수업에서도, 아이가 주인공이 되지 못했다는 사실을요.

뭔가를 잘하려면, 나 자신이 주도적으로 사고하고 행동해야 합니다. 내가 주인공으로서 그걸 충분히 해낼 수 있다는 긍정적인 마음과 자신감이 있어야 합니다. 이런 마음은 그냥 싹트는 게 아닙니다. 아이가 주인공이 될 수 있는 환경을 만들어주어야 생길 수 있는 거죠. 그런데 유감스럽게도 학습환경을 보면 아이가 아닌, 선생님과 부모가 주인공이었습니다. 선생님과 부모가 주인공으로서 모든 걸 결정하고 이끌며, 아이는 관찰자 혹은 참여자가 된 수업이 이뤄지고 있었던 거죠. 수동적으로 끌려가는 환경 속에서 능동적인 성공 경험이 쌓일 틈이 없었습니다. 어릴 때부터의 학습환경에 문제가 있는 것입니다.

처음 과외를 시작하면서 만났던 아이들은 다행히 수학을 잘하고,

좋아하는 아이들이었습니다. 중고등학생들이 다수였고, 저를 만나기 전에 이미 수학 실력이 평균 이상으로 월등했습니다. 수학에 재능을 타고난 아이들을 만나왔기에 미처 문제를 인식하지 못했던 것 같습니다.

수리 1등급 아이들이 수학 문제를 풀 때 특유의 눈빛이 있습니다. 마치 무대를 누비는 주인공처럼 당당하고 자신에 찬 눈빛을 빛내는데요. 그런 아이들이 주도권을 가지고 사고(思考) 과정을 즐기는 수업을 함께하다가 초등학생 아이들을 만나면서 아이가 주인공이 아닌 수업의 문제점을 뼈저리게 깨달았습니다.

수학에서의 사고(思考) 과정은 누구도 대신해주면 안 됩니다. 아무리 어렵더라도, 설사 문제를 끝까지 풀지 못하더라도, 마지막 순간까지 매달리면서 해답을 찾아야 하는 건 선생님이나 부모가 아닌, 아이인 거죠. 제 설명을 아이가 잘 이해했을 거라 생각했던 건 혼자만의 착각이었습니다. 수업시간에 그저 제 실력 자랑을 한 것에 불과했습니다. 그토록 많은 시간을 투자한 학습량을 아이는 온전히 자신의 것으로 만들 수 없었습니다.

이렇게 해서는 제가 아이들의 수학 실력 향상에 도움을 줄 수 없다고 판단했습니다. 초등학교 때부터 이렇게 학습한다면 당장은 효과가 있다고 여겨질지 몰라도, 나중엔 아이가 수학을 싫어하게 될 것 같았죠. 자기 의지 없이 수동적으로 임한 공부를 잘할 수 없고 애정을 가질 리도 만무했습니다. 최악의 경우, 수학을 포기할 수도 있을 것 같았습니다.

그래서 고민 끝에 과외를 그만두었습니다. 과외 자체가 문제라서가 아니라, 아이들이 진짜 수학을 좋아하게 만드는 수업에의 열망을 품었기 때문이었는데요. 특히 중고등 수학과 초등 수학은 다른 방법으로 지도해야 한다는 생각을 하게 되었습니다. 그래서 수학 학원 운영을 시작했고, 지금도 아이들이 주인공으로서 수학을 즐길 수 있는 수업을 진행하려고 노력하는 중입니다.

환경이 만들어져야 마음이 싹튼다

오래전 대치동에서 경험했던 일들은 지금도 여전히 반복되고 있습니다. 많은 아이들이 자신의 관심과 흥미를 미처 탐구하지 못한 채 수리 1등급, 명문대 입학이라는 정해진 목표를 위해 달려가고 있습니다.

"수학 실력이 기대만큼 좋지 않은 것 같아요."

제가 만났던 한 아이의 어머니의 말씀이었습니다. 그 아이는 초등학교 저학년이었는데, 제가 봤을 때 수학 능력이 대단히 뛰어난 아이였습니다. 아이가 테스트 문제를 풀이한 내용을 하나하나 짚어보면서 수학에서의 성장 가능성이 기대되는 아이라는 걸 직감할 수 있었습니다. 수해력도 좋았습니다.

수학 영역에서의 문해력을 수해력(Numercy)이라고 합니다. 문해력은 글을 읽고 그 의미를 정확하게 이해하는 능력을 말하고, 수해력은 내용에 들어있는 수학적 개념·원리·법칙을 이해하고 그에 맞게 수식을 만드는 능력을 말합니다. 수학 영역에서도 문해력을 얘기하는 경우가 많은데, 수해력이라고 바꾸는 게 의미상 정확합니다. 수학 문제를 잘 풀려면 수해력이 매우 중요합니다.

아이와 단둘이 대화를 나누면서 수학이 재미있냐고 물었습니다. 아이는 고개를 가로저으며 "아뇨"라고 짧게 답했습니다. 표정이 그다지 밝지 못했죠.

아이와의 만남을 뒤로 하고 어머니와 별도로 대화를 나눴습니다. 그 자리에서 어머니는 자신의 기대만큼 아이의 실력이 따라와주지 않는다고 말했습니다. 제가 진행한 테스트의 채점 결과도 마음에 들어 하지 않았습니다. 30문제 중 3개를 틀렸는데요. 어머니는 테스트 문제 중에 이미 전에 풀어봤던 유형이 있었는데도 왜 틀렸는지 이해할 수 없다고 했습니다. 아이의 학습량은 보통 그 나이 또래 아이들이 하는 양보다 훨씬 많았는데, 어머니는 아이를 '영재원→특목고→서울대 의대'를 목표로 어릴 때부터 수학을 비롯해 국어, 영어 등을 가르쳐왔다고 했습니다. 그날의 학습계획을 반드시 지켜야 하고, 문제집을 풀어서 하나라도 틀리면 공부를 소홀히 했다며 나무랐다고 했습니다.

어릴 때부터 가정학습, 뛰어난 수학적 재능, 월등한 수해력. 어머니의 판단대로 아이는 정말 좋은 자질을 가졌습니다. 어머니는 자기 아이의 능력을 잘 알아본 것이고, 열심히 키워온 것이죠. 그러나 저는 한 가지가 마음에 걸렸습니다.

"어머니, 아이가 수학을 좋아하지 않습니다."

다행스럽게도 어머니는 그 사실을 알고 있었습니다. 그래서 불안했다고 하시더군요. 저는 어머니에게 이유를 설명했습니다. 아이가 수학을 좋아하지 않는 이유는, 아이가 주인공인 학습환경이 아니어서라고. 목표와 계획을 어머니가 세우고 아이는 수동적으로 따라가고 있기 때문이라고. 또한 수학은 단지 답을 맞히는 게 중요한 게 아니라, 문제를 끝까지 풀어내고자 노력하는 과정이 중요한 학문이기에 답을 못 맞힌다고 해서 아이를 질책해서는 안 된다고요. 시도, 노력 자체를 칭찬받아서 성공 경험이 쌓이게 되면 아이는 성취감을 계속 느끼고 싶어서 자발적으로 노력하게 될 것입니다.

어머니에게 간곡히 말씀드렸습니다. 하루라도 빨리 학습환경을 바꿔야 한다고요. 아이가 스스로 목표와 학습계획을 세워나갈 수 있도록 환경을 바꿔주어야 원하는 결과를 낼 수 있을 거라고 말입니다.

주도권을 넘겨주기만 하면 이 아이는 자기 재능을 마음껏 꽃피울 게 분명했습니다. 오랜 대화 끝에 어머니는 제 얘기의 취지에 동의해 주었습니다.

저는 그동안 적게는 5~7세부터 많게는 고등학교 3학년까지 폭넓은 연령대로 아이들을 가르쳐왔습니다. 새로운 아이를 만나면 연령과 무관하게 반드시 생각하는 것은, 이 아이에게 '어떻게 하면 성공 경험을 만들어줄 것인가' 하는 것입니다. 그래서 성공 경험을 쌓을 수 있는 학습환경 조성에 힘을 씁니다. 아이의 학습능력에 맞는 문제풀이로 흥미를 주고, 아이의 주도권을 인정해주고, 아이가 어떤 시도를 할 때마다 칭찬해주는 것입니다. 그리고 부모에게, 아이와 함께 책을 읽으면서 책읽기를 생활화하는 환경을 만들 것을 권합니다. 이런 환경 속에서 성공 경험이 쌓이면 "내가 정말 수학을 잘하는구나" "난 특별하구나"와 같은 자신감과 성취감이 생겨납니다. 이런 마음을 가진 아이는 수학을 잘하고 싶어서 적극적으로 노력하게 됩니다.

올바른 학습환경 ☞ 성공 경험을 쌓음 ☞ 자신감과 성취감이 자라남 ☞ 수학을 좋아하게 됨 ☞ 좋아하니까 노력함 ☞ 수학을 잘하게 됨 ☞ 잘하려고 더욱 노력함

제가 학습에 있어서 환경을 강조하는 이유는, 환경과 마음이 연결되기 때문입니다. 건강한 토양에서 싹이 잘 자라듯 환경이 잘 조성돼야 마음이 잘 자랄 수 있습니다. 올바른 환경에서 스스로와 학습에 대한 긍정적인 마음을 갖게 되면, 자발적·능동적으로 노력하게 될 것이고, 어려운 문제를 만나더라도 피하지 않고 도전하려 할 것입니다.

우리 아이들은 특히 수학 때문에 좌절하는 경우가 많습니다. 다른 과목을 못할 때보다 수학을 못했을 때, 자존심에 상처를 입고 자기 능력을 의심하게 됩니다. 반대로 이토록 어려운 수학을 잘하게 되었을 때 정서적 만족감이 훨씬 커집니다. 수학을 잘하는가 못하는가는 우리 아이의 마음에 직접적인 영향을 미치는 중요한 문제입니다. 그런 만큼 건강한 마음이 싹을 틔울 수 있도록 환경을 조성하는 것이 중요합니다.

그동안 제가 만났던 수학을 잘하는 아이들을 떠올려보면 올바른 학습환경 속에서 자란 경우가 많았습니다. 숫자를 하나둘만 세어도, 퍼즐을 더듬거리면서 삐뚤빼뚤 맞춰도 칭찬을 받았죠. 처음 숫자를 배우고 사칙연산을 배울 때 '1+1'만 풀어도 아낌없는 칭찬 세례가 쏟아졌습니다. 집에서는 TV나 인터넷을 보기보다 책을 읽는 분위기이고, 부모들은 책을 읽는 모습을 보여주거나 아이와 함께 읽었습니다. 어릴 때부터 이런 환경 속에서 성공 경험을 쌓으면 수학과 학습에 대한 긍정적인 마음이 자라나게 되고, 누가 시키지 않더라도 잘하고 싶어서 열심히 노력하게 됩니다. 부모들이 그토록 간절하게 원하는 자기주도력이 이런 거죠.

저 역시 어렸을 때 그랬던 것 같습니다. 항상 학습에 있어서 주도권은 제게 있었습니다. 늘 스스로 그날의 과제를 했고 준비물을 챙겼습니다. 중학생이 되고, 고등학생이 되어도 부모님은 제 공부 계획에 개입하지 않으셨습니다. 잘 모르는 문제나 주제가 등장해도 책을 통해 찾도록 할 뿐, 직접 답을 알려주시는 법이 없었죠. 그래서 처음부터 끝까지 내가 주인공으로서 학습을 해나갈 수 있었습니다.

어떻게 하면 우리 아이가 수학을 잘할 수 있을까. 이 문제는 부모들에게 참 머리 아픈 주제입니다. 소위 말해 공부머리를 타고났다고 하는 아이들을 제외하면, 대한민국의 거의 모든 부모들이 수학 때문에 골치가 아픕니다. 하지만 우리가 뭔가를 좋아하게 되고 잘하게 되는 원리를 생각해 보면, 이 골치 아픈 문제의 답이 쉽게 도출됩니다.

저는 이 문제의 답의 중요성을 강조하기 위해 요리와 비교하곤 합니다. 요리를 좋아하는 사람들은 대부분 요리를 잘합니다. 자신이 하는 요리를 누군가 먹고 "맛있다" "근사하다" "훌륭하다"란 얘기를 해줄수록 용기와 자신감이 생깁니다. "내일은 또 어떤 요리를 할까?" 하는 의욕과 도전정신도 샘솟죠. 이렇게 좋은 마음이 쌓이는데 요리를 못하게 될 리 없습니다. 마찬가지로 우리 아이가 수학을 잘하려면 수학 학습과 관련된 긍정적인 마음이 필요하고, 이는 어릴 때부터 올바른 학습환경이 형성되어야 자라날 수 있습니다.

'공부를 열심히 하면 당연히 성적이 오른다.'
'성적이 안 좋은 건 불성실해서 그런 것이다.'
한창 대치동과 분당에서 과외 선생님으로 활약할 무렵, 이렇게 생각했던 적이 있었습니다. '노력한 만큼 성공한다'는 진리가 가장 잘 통하는 게 공부이고, 공부는 성실하고 열심히 하기만 하면 얼마든지 좋은 성과를 낼 수 있다고. 노력한 만큼 성과를 낼 수 있는 게 공부인 건 맞지만, 단서가 있습니다. 올바른 학습환경 속에서 자신에게 맞는 학습 방법을 찾아서 공부해야 한다는 거죠. 무작정 많은 양의 문제집을 푸는 양치기 학습을 한다면 아이는 수학을 잘하기는커녕 수학에 대한 불쾌감만 느낄 것입니다.

우리 아이가 수학을 즐거워하지 않고 괴로워한다면 그동안의 학습환경이 어떠했는지를 점검해볼 필요가 있습니다. 어릴 때부터 수학적 개념에 많이 노출되지 않았고, 수학적 주제로 대화를 나눠보지 않았고, 수학으로 인한 칭찬과 성공 경험이 없을지도 모릅니다. 학교에 다니면서부터는 스스로 해결할 수 없는 어려운 난이도의 문제를 접했고, 풀이를 암기하는 학습을 했을 가능성이 높고요. 그래서 우리 아이가 수학에 어려움을 겪는다면 지금부터라도 수학을 재미있게 느낄 수 있는 환경을 조성해 수학에의 성공 경험을 쌓는 게 중요합니다. 환경 조성은 그렇게 어려운 일이 아닙니다. 사칙연산을 잘한다면 그것을 화두로 삼아 격려해도 좋고, 아이가 수학에서 좋아하는 단원이 있다면 그걸 보란 듯이 풀게 해준 다음 칭찬을 아낌없이 해주면서 "너는 수학에 대한 능력이 충분히 뛰어난 아이야"라는 믿음을 전달해주면 됩니다. 또한 학습능력에 맞는 문제풀이로 자신감과 성취감을 높여주고, 매일의 학습계획과 목표를 짜는 데 주도권을 부여해주고요.

수학을 잘해도 풀기 어려운 문제를 만나면 어렵다고 느낄 수 있습니다. 어려우면 힘들어지고, 힘들면 하기 싫어집니다. 그러나 올바른 학습환경 속에서 성공 경험이 누적돼 수학을 잘하는 아이들은 수학을 좋아하므로 그 어려움을 돌파해내려고 합니다. 수학 실력을 단계별로 올리면서 성공의 기쁨, 도파민을 이미 맛보았기 때문에 계속해서 다음의 성공에 도전하고 싶어 하지요. 어려운 역경이 나타나도 넘고 또 넘으면서 실력도, 마음도 단단해져 갑니다.

앞으로도 계속 강조하겠지만, 아이는 부모의 긍정적 마음과 칭찬을 먹고 자라는 존재입니다. 부모를 통해 자신을 바라보고 세상을 경험합니다. 아이의 학년이 올라갈수록 이 사실을 놓쳐버리기가 쉽지만, 꼭 기억해야 하는 진실입니다.

우리 아이가
수학에 칠색 팔색 하는 이유

'앞'을 놓쳤다면 '뒤'도 붙잡을 수 없다

"수학 생각만 하면 머리가 아파. 선생님 설명을 들어도 무슨 소리인지 잘 모르겠어."

아이들의 입에서 자주 나오는 말입니다. 부모는 아이의 이런 말에 "공부를 열심히 하지 않았으니까 그렇지"라고 답하기 마련이지만, 아이가 노력하는 모습을 보면 단지 공부를 소홀히 했다거나 수업시간에 딴생각을 했다고 단정하기가 어렵습니다. 우리 아이가 제법 책상머리를 지키고 앉아서 머리를 싸매는데도 왜 수학이 여전히 어렵게 느껴지고, 성적이 잘 나오지 않는 걸까요. 여기에는 몇 가지 원인이 있는데, 차례로 짚어보겠습니다.

첫 번째 원인은 아이의 학습결손입니다. 아이가 노력하는데도 여전히 수학을 어려워하고 성적이 잘 나오지 않는다면 학습한 내용 중에서 어느 부분에 결손이 있는지를 살펴보아야 합니다. 우리나라 수학 교과는 개념과 원리가 나선형 구조로 연결돼 있는, 즉 '계통학문'의 특성이 있어서 이전에 배웠던 내용 중 어떤 단원을 제대로 학습하지 못했다면, 뒤에서 그 단원과 연결된 상위 개념이 등장했을 때 이해하기가 어렵습니다. 수학의 계통학문적 특성에 대한 예를 들어보겠습니다.

한 아이의 어머니를 상담했을 때였습니다. 아이는 중학교 1학년이었는데, 적잖은 시간을 들여서 수학 공부를 하는데도 어려워한다는 것이었습니다. 아이는 집중하고 싶어도 안 된다며 하소연을 했다는데요. 그 말을 들은 어머니가 저를 찾아오신 것이었습니다.

아이를 따로 만나 문제를 풀어보게 했습니다. 아이는 학교에서 일차방정식을 배우고 있었는데 비교적 쉬운 문제를 잘 풀지 못했습니다. 테스트 문제를 몇 개 풀어보게 한 결과, 아이가 분수의 개념을 제대로 이해하지 못하고 있음을 확인할 수 있었습니다. 방정식은 우리가 어떤 수를 모를 때 그것을 'x(미지수)'라는 문자로 표현해 식(등식)을 만들어 푸는 것입니다. 쉽게 말해 '$2 \times x = 6$'이라고 할 때 x를 구하는 것이지요. 아이는 일차방정식 문제의 계수[1]에 분수가 있는 문제를 잘 풀지 못했습니다.

일차방정식 문제를 풀기 위해서는 기본적인 수 개념(초1~초2), 사칙연산(초1~초4), 약수와 배수(초5), 분수/분수와 덧셈·뺄셈·곱셈·나눗셈(초3~초6), 수의 규칙(초1~초5), 비와 비율/비례식과 비례배분(초6), 문자와 식(중1) 등을 알아야 합니다.

〈수학의 계통성 예시 문제〉

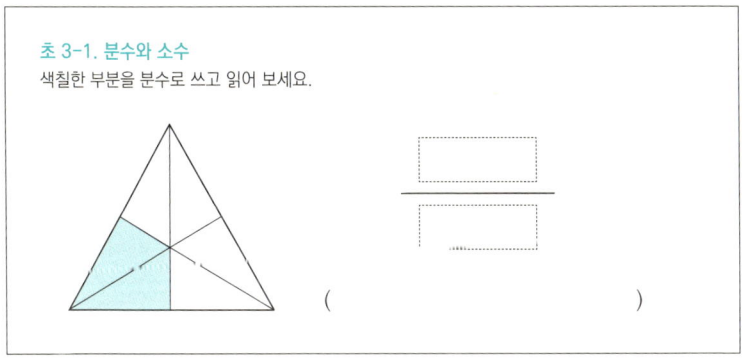

---

1. 기호 문자와 숫자로 된 식에서, 기호 문자에 곱해진 숫자.

중 3-1. 이차함수

오른쪽 그림과 같은 이차함수 $y = -\frac{1}{2}x^2 + 4x + \frac{3}{2}$ 의 그래프에서 y축과의 교점을 A, 꼭지점을 B라고 할 때 $\triangle AOB$의 넓이를 구하여라(단, 점 O는 원점).

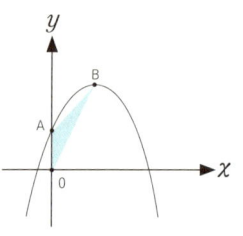

이러한 연계성은 방정식뿐이 아닙니다. 이를테면 고등학교 때 배우는 확률과 통계도 마찬가지입니다. 확률과 통계의 최초 시작은 초등학교 2학년 '분류하기'와 '표와 그래프'입니다. 그런 다음 초등학교 3학년 때 '자료의 정리(그림그래프)'를 배우고, 4학년 때 '막대그래프'와 '꺾은선그래프'를 배웁니다. 5학년 때 '평균과 가능성', 6학년 때 '여러 가지 그래프', 중학교 1학년 때 '자료와 정리', 2학년 때 '경우의 수' '확률', 3학년 때 '대푯값과 산포도'를 배웁니다. 그리고 고등학교 1학년 때 '경우의 수-합의 법칙, 곱의 법칙' '순열과 조합'을 거쳐 고등학교 2~3학년 때 '경우의 수-중복조합, 원순열/확률/통계'로 넘어갑니다. 확률과 통계가 초등학교부터 중학교 때까지 한 번도 등장하지 않다가, 고등학교 때 갑자기 튀어나오는 게 아닌 거죠.

초중고 수학의 단원별 연계성을 확인할 수 있는 '수학 계통도'는 인터넷에 검색하면 쉽게 찾을 수 있는데, 복잡한 구조이긴 하지만 꼭 살펴볼 것을 권합니다.

계통도를 보면 아이가 눈앞의 문제를 풀지 못하는 이유가 단지 난이도 때문이 아닐 수도 있다는 걸 알게 됩니다. 유난히 그 문제가 어려워서 못 푸는 게 아니라면, 앞서 잘 학습해나갔어야 할 내용을 이해하지 못해서, 즉 수학이란 학문의 흐름에 구멍이 생겨서일 수도 있는 것입니다.

수학은 여러 개념들이 유기적으로 연관돼 나선형 구조를 이루는 계통학문입니다. 여기서 놓친 부분이 있으면 이후에 배움을 쌓아나가기가 어려워집니다. 논·서술형이나 심화 문제는 고사하고 기본유형 문제도 잘 풀지 못합니다. 아이들은 무엇이 원인인지 잘 모르기 때문에 문제와 답을 통째로 외우는 방법을 선택하기도 합니다. 이렇게 공부해서는 노력한 만큼 성과를 내는 게 불가능해집니다. 아이들은 수업시간에 딴생각을 해서 선생님의 설명을 놓치기도 하지만, 학습결손이 누적되면 자신감을 잃고 집중하기도 어려워서 딴생각을 하게 됩니다. 이해가 안 가는 내용에 계속 집중하려야 할 수 없기 때문입니다.

아이가 아무리 공부를 해도 수업 내용을 이해하기 어렵다고 호소한다면, 심화 문제도 아닌 기본유형 문제에서 어려움을 겪는다면, 아이가 그동안 학습한 내용 중에 어느 부분에서 결손이 발생했는지를 찾아봐야 합니다. 학년별 기본유형 문제를 몇 개씩 골라서 풀어보게 하면 어느 부분이 결손되었는지를 찾을 수 있습니다.

답 맞히기에만 집중하면 문장제 문제풀이가 어렵다

아이들이 수학을 어려워하고 싫어하는 원인 중 두 번째는 문장제 문제입니다. 문장제 문제란 말 그대로 문제가 문장형으로 길게 표현된 걸 말합니다. 다음의 예시를 보면 누가 봐도 덧셈과 곱셈 문제입니다. '5000×2' '20000+5000' 등을 척척 풀어내는 아이들이라도 같은 원리의 문제를 문장제 형태로 만나면 어려워하는 경우가 있습니다.

〈문장제 문제 예시〉

> 지수는 외갓집에 가서 이모들과 삼촌에게 용돈을 받았습니다. 이모들에게 받은 용돈은 10,000원짜리 지폐 3장, 5,000원짜리 지폐 2장이고, 삼촌에게 받은 용돈은 10,000원짜리 지폐 2장입니다. 지수가 받은 용돈은 모두 얼마일까요?

왜 이런 문제를 어려워하는 걸까요? 문장제 문제를 잘 풀려면 수해력이 필요합니다. 앞서 설명했듯이 수해력은 글의 내용을 잘 이해하는 것뿐 아니라 내용에 맞게 수식을 만들 수 있는 능력을 말한다는 점에서 문해력과 차이가 있습니다. 수학 문제를 곧잘 풀던 아이가 문장제 문제를 어려워한다면 연산능력이 아니라 수해력에 문제가 있을 가능성이 높습니다.

사실 문해력은 모든 학문의 기본이 되는 능력이라고 해도 과언이 아닙니다. 지구상에 존재하는 모든 지식과 정보는 (당연한 얘기지만) 글로 표현돼 있어서 그걸 습득하기 위해서는 글을 이해하고 해석하는 능력이 있어야 합니다. 문해력이 뛰어날수록 지식과 정보를 습득하는 정도가 좋아집니다.

같은 맥락에서 수해력은 수학 실력의 기본이 되는 능력으로, 수학적 문장 표현을 이해하고 그 속에 담긴 수학적 개념·원리·법칙을 수식으로 표현해낼 줄 아는 능력입니다. 기본적인 문해력을 갖추면서 수학 어휘를 익히고 문장 속에 들어있는 수학적 개념·원리·법칙을 수식으로 표현하는 훈련을 해야 수해력을 키울 수 있습니다. 수해력이 뛰어날수록 수학적 문제해결력이 좋아집니다. 뒤에서 좀 더 자세히 설명하겠지만, 인류 역사상 존재했던 수많은 문제 상황들이 수학적 방법을 통해 해결되었습니다.

수학에서 문장제 문제들이 대거 등장하게 된 것은 수해력의 중요성과 무관하지 않습니다. 단순히 빠른 수 계산보다, 수학적 사고력이 더 중요하게 된 것이죠.

기초적인 수 계산이 빠른 아이를 만난 적이 있습니다. 아이는 일찍부터 연산 훈련을 강도 높게 해서 수 계산이 빨랐지만 문장제 문제에서는 힘을 발휘하지 못했습니다. 문제를 풀려고 끝까지 매달리기보다는 쉽게 포기하고 선생님의 도움을 받고자 했습니다.

저는 아이의 어머니에게 지금부터라도 아이에게 책읽기를 통해서 문해력을 키우고, 문장제 문제를 통해 수해력 훈련을 해야 한다고 권했습니다. 처음엔 의아한 표정을 짓던 어머니는 문해력·수해력의 개념과 중요성에 대한 설명을 듣고 수긍하였습니다.

수학 교육의 지향점은 아이의 수학적 사고력을 키우는 것입니다. 깊이 있게 사고하게 해주고, 끈질긴 탐구를 통해 문제를 해결하려는 힘을 키워주는 거죠. 그래서 점수가 잘 나오는 게 목표가 되어서는 안 됩니다. 수학 점수는 우리 아이의 수학 능력을 알아볼 수 있는 하나의 지표가 될 수 있지만, 그것이 우리 아이의 모든 능력을 대변해주지 못합니다. 우리 아이의 능력은 수학 점수 하나로만 표현될 수 없을 만큼 넓고 깊으며, 잠재력은 무궁무진하니까요.

 '수학적 사고력'이란?

대학수학능력시험을 주관하는 기관인 '한국교육과정평가원'은 수학 교과의 역량의 의미로 '수학적 사고력'을 제시하면서 다음과 같이 정리하였습니다. 정확한 개념을 이해하고 학습에 참고하면 좋을 것입니다.

* * * * * * * * * * * * *

수학적 사고력은 크게 계산능력·이해능력·추론능력·문제해결능력으로 구분된다.

계산능력 : 연산의 기본 법칙이나 성질을 적용하여 주어진 식을 간단히 하는 능력, 수학의 기본공식이나 계산법을 적용하는 능력, 수학의 전형적인 풀이절차(알고리즘)를 적용하는 능력을 의미한다.

이해능력 : 문제에 주어진 수학적 용어, 기호, 식, 그래프, 표의 의미와 관련 성질을 알고 적용하는 능력, 주어진 문제와 관련된 수학적 개념을 파악하고 적용하는 능력, 교과서에 나오는 기본 예제나 정형화된 응용문제를 해결하는 능력, 주어진 문제 상황을 수학적으로 표현하는 능력, 수학적 표현을 다른 표현으로 바꾸어 표현하는 능력을 의미한다.

추론 능력 : 나열하기, 세어보기, 관찰 등을 통해 문제 해결의 핵심 원리를 발견하는 능력, 유추를 통해 문제 해결의 핵심 원리를 발견하는 능력, 수학의 개념·원리·법칙을 이용하여 참인 성질을 이끌어 내거나 주어진 명제의 참·거짓을 판별하는 능력, 주어진 정의를 이해하고 참인 성질을 이끌어 내는 능력, 반례를 들어 주어진 명제가 거짓임을 판단하는 능력 등을 의미한다. 조건명제의 증명, 삼단논법에 의한 논리저 추론, 반례에 의한 증명, 귀류법, 동치 명제의 증명, 수학적 귀납법에 의한 증명 등을 이해하는 능력과 주어진 증명을 읽고 결론을 도출하는 능력 등도 이에 해당한다.

문제해결능력 : 두 가지 이상의 수학적 개념·원리·법칙의 관련성을 파악하고 종합하여 문제를 해결하는 능력, 두 단계 이상의 사고 과정을 거쳐서 문제를 해결하는 능력, 실생활 상황에서 관련된 수학적 개념·원리·법칙 등을 파악하고 이를 적용하여 문제를 해결하는 능력, 타 교과의 소재를 사용한 상황에서 관련된 수학적 개념·원리·법칙 등을 파악하고 이를 적용하여 문제를 해결하는 능력을 의미한다.

-출처 : 한국교육과정평가원 『2024학년도 대학수학능력시험 학습방법 안내』

스스로 생각하기를 힘들어하는 아이들

　말수가 적고 조용한 성격의 중학생 소녀가 있었습니다. 아이는 다른 학원에 다니다가 친구를 따라서 저와 함께 공부하게 되었습니다. 아이들이 중학생이 되면 친한 친구들을 따라서 학원을 옮기는 경우가 비교적 흔한 편입니다. 이 아이도 그런 경우였습니다. 친구가 전교 1, 2등을 다툴 정도로 우수한 성적이라 아이도 친구처럼 성적을 올리고 싶어 했습니다. 조용했지만 모르는 문제가 있으면 적극적으로 손을 들어서 도움을 청하는 점이 좋아 보였습니다.

　그런데 아이가 질문하는 대로 설명을 해주다 보니 '이대로는 안 되겠다'는 생각이 들었습니다. 아이는 어려운 난이도의 문제를 만나면 잠깐 생각하다가 이내 저에게 풀이방법을 물어보았습니다. 아이에게 '스스로 좀 더 고민하면서 문제를 풀어보는 습관'을 가지면 좋겠다고 말해주었는데요. 아이는 생각을 자꾸 하다 보면 머리가 아파서 힘들다고 하였고, 선생님이 해결해주어서 빨리 다음 문제로 넘어갔으면 좋겠다고 답했습니다.

　비단 이 아이의 문제만은 아닙니다. 충분히 생각하고 고민해야 하는 문제를 만났을 때 그걸 어려워하는 아이들이 정말 많아졌습니다. 초등학생뿐 아니라 고등학생까지 광범위합니다. 한 문제를 붙들고 파고 들어가는 게 골치 아프고 견디기 힘들다고 합니다.

왜 우리 아이들에게 이런 현상이 생긴 걸까요. 여러 원인이 복합적으로 작용한 결과라고 생각합니다. 인터넷과 스마트폰의 발달로 요즘 세상은 뭐든 '빨리빨리'입니다. 궁금한 게 있으면 인터넷에 접속하거나 스마트폰을 열어보면 됩니다. 고민하지 않아도 빠르게 답을 얻어낼 수 있습니다. 인터넷 포털사이트나 앱에 학교나 학원에서 내준 과제를 올려놓고 답을 구하는 학생들이 꽤 많습니다.

아이들이 생각하길 싫어하게 된 이유들 중 또 한 가지는 자극적이고 흥미로운 영상 때문이라고 봅니다. 스마트폰을 열면 10~15초 내로 여러 컷의 이미지가 돌아가는 숏폼이 시선을 잡아끕니다. 영화와 책, 드라마 내용을 짧게 압축해 보여주는 영상도 있습니다. 이런 영상에 길들여지면 수학 문제를 장시간 들여다보고, 생각하는 걸 힘들어할 수밖에 없습니다. 생각하는 게 불편하고, 불편하니 피하려고 하는 것, 이것이 수학을 어려워하고 힘들어하는 세 번째 원인입니다.

현란하고 빠르게 돌아가는 세상에서 살아가는 아이들이 느리게, 힘겹게 굴러가는 학습 과정을 어떻게 견딜 수 있을까요. 원하는 걸 손쉽게 얻을 수 있는데, 왜 고생스럽게 사고하고 탐색하려 할까요. 이런 세상, 이런 문화를 만든 건 우리 어른들의 책임입니다. 아이들에게 그런 것들에 길들여졌다고 나무라기 전에 어른들이 먼저 반성해야 합니다. 우리 아이들을 어떤 환경에서 양육했는지 말입니다. 힘들고 때론 귀찮다는 이유로, 아이에게 손쉽게 스마트 기기를 쥐여주진 않았는지 우리 자신을 돌아봐야 합니다. 저도 다르지 않았음을 솔직히 고백합니다.

만약 아이가 수학 문제를 붙들고 생각하고 고민하기 힘들어한다면 대화를 나누는 게 필요합니다. 어떤 점이 힘들고 어려운지 말입니다. 앞서 이야기한 문제점들이 있다면 그에 맞는 해결책을 취해야 합니다. 그리고 문제가 조금 어렵더라도 포기하지 말고 생각해보라고 권해주면 좋겠습니다. 한 문제를 온전히 자신의 힘으로 풀어야 하는 걸 아이가 받아들여야 합니다. 사람의 뇌는 습관대로 반응합니다. 그래서 어려운 문제에 도전해본 적이 있다면 다음에도 그 도전을 받아들이게 되지만, 반대로 쉽게 포기했다면 다음 기회에서도 똑같이 포기하게 됩니다. 당장 한 문제를 포기하는 게 별일 아닌 것 같아도 그 습관이 쌓이면 결코 실력이 성장할 수 없습니다. 수학 공부의 목적은 단순히 정답을 맞히는 게 아니라 사고하고 탐구하면서 끝까지 버텨내는 힘을 키우는 거라고 차근차근 설명해주어야 합니다.

아울러 아이들의 생활습관 개선이 필요합니다. 스마트폰을 절제하는 습관을 키우고, 영상을 과도하게 시청하거나 게임을 장시간 하지 않도록 해야 합니다. 아이와 상의하여 스마트폰 사용시간을 정하는 게 좋겠습니다.

혹 어떤 분들은 아이의 습관을 바로잡기엔 이미 늦었다고 생각할

지도 모르겠습니다. '늦었다고 생각하면 정말 늦은 것이다'란 말도 있지만, 적어도 학습에 있어서 '이미 늦었다'는 개념은 없다고 생각합니다. 아이들의 빛나는 미래를 위해 바꿔야 하는 게 있다면, 바로 오늘부터 시작하면 됩니다. 수학 학습에서 당장 눈에 보이는 목표는 수리 1등급이겠지만, 인생 전체를 놓고 본다면 사고하는 힘을 키우는 것이니까요.

시선집중

코로나19로 인한 학습결손, 어떻게 해결할까

코로나19라고 하면 "이제 끝난 이야기"라고 말하는 분들이 있을 것입니다. 엔데믹이 선언됐으니까요. 지금은 팬데믹 선언 때보다 나아진 건 사실입니다. 그런데 코로나19의 영향력이 지금도 생생하게 살아 있는 영역이 있다면 믿으실 수 있을까요. 바로 우리 아이들의 학습 영역입니다.

팬데믹 때를 회상해보겠습니다. 속수무책으로 학교 문은 닫혔고 수업은 파행을 겪었습니다. 아이들은 집에 갇혀있다시피하며 원격수업에 임했지만 시행착오투성이였습니다. 수업에 접속되지 않거나 접속되더라도 소음이 들리는 등 산만한 분위기에서 수업이 제대로 진행되기 어려웠습니다. 아이들이 학습 내용에 집중할 수 있는 환경이 아니었죠. 대면수업이 시작된 후에도 코로나에 걸리면 격리지침에 따라 학교 수업에 일정 기간 참여할 수 없었습니다.

부모들의 상황은 어땠을까요. 코로나발 경제위기로 그야말로 사면초가였습니다. 적잖은 기업과 자영업자들이 경영난에 시달리거나 문을 닫았고, 모두들 버텨내느라 온 힘을 다해야 했습니다. 먹고 살기 위해 아이들을 집에 두고 일하러 나섰습니다. 이렇게 온통 혼란스러운 상황에 우리 아이들의 학습권이 제대로 지켜질 수 있었을까요? 당시의 기억을 되살려보면 수긍할 수 있을 것입니다.

비대면 원격수업으로 인해 야기된 학습 불평등 및 양극화는 사회적으로 큰 이슈가 되었습니다. 2020년 전국교직원노동조합이 실시한 설문조사에 따르면 비대면 원격수업의 가장 큰 문제점은 학습격차 심화(61.8%)였으며, 이런 학습격차의 원인 1순위가 가정환경 차이(72.3%)라고 합니다.

대치동을 포함한 우리나라에서 손꼽히는 학군들에서는 학교 수업 공백을 메우기 위한 특별 수업을 진행했는데, 다른 한편에서는 학원이나 과외 등을 중단한 경우가 심심찮았습니다. 경제적 어려움 혹은 코로나 감염에의 두려움 때문이었죠. 학교 공백에 이어 별다른 대체수업을 받지 못한 아이들은 집에 오랜 시간 머물면서 스마트폰과 컴퓨터 게임에 빠지게 되었습니다.

전반적 학업능력이 떨어졌는데, 그중에서도 가장 큰 문제가 된 것은 수학이었습니다. 한국교육과정평가원의 「코로나19를 전후한 고등학생 수학 성취도 변화 : 실태 및 영향요인」 연구(2022.11.30. 공개)에 따르면, 2019년과 2020년 '국가수준 학업성취도평가' 결과 수학 척도점수 평균은 2019년 148.42점, 2020년 146.68점으로 1년 사이에 1.74점 하락했습니다.

특히 하위 10%에 해당하는 학생들의 평균 점수 하락폭이 컸는데 2019년 122점, 2020년 113점으로 9점 하락했습니다. 그에 반해 같은 기간 상위권 10%에서는 171점에서 172점으로 1점 올랐고, 상위 50%는 150점에서 149점으로 영향이 미비했습니다. 연구진은 "코로나19가 하위권 학생들에게 완충 지대 역할을 해왔던 학교 교육의 기능을 마비시켰다"면서, 하위권 학생들의 학습결손에 심각한 우려를 표했습니다[2].

학교 현장에서는 많은 선생님들이 중위권 학생들이 감소했다고 증언합니다. 한 반의 절반에 가까운 아이들이 50점대 밑이고, 70~80점대가 사라졌다는 것입니다[3]. 한번 생겨버린 학습격차는 쉬이 사라지기 어려울 것입니다.

코로나로 인한 학습권 침해는 2020~2022년 사이에 학교를 다녔

---

2. 코로나19 학습격차 현실화…성적 하락 폭, 하위권 더 커/동아일보/2022.12.04.
3. 코로나 학습격차, 중위권이 없다/한겨레21/2020.09.11.

수학 잘하는 환경은 따로 있습니다

던 전국의 모든 학생들이 입었습니다. 2020년 고3 수험생들의 경우 가장 중요한 대입을 앞두고 대혼란을 겪었습니다. 그 무렵 태어난 아기들도 어려움을 겪기는 마찬가지입니다. 마스크 착용 때문에 언어와 기본적 사회관계를 배우는 것이 힘들었으니까요.

그런데 저는 학습권에 있어서 가장 큰 피해를 입은 대상이 있음을 경험적으로 확인하였습니다. 바로 코로나19가 처음 발발했던 2020년에 초등학교에 입학했던 아이들입니다. 이 아이들이야말로 제대로 된 학교 생활, 학교 수업을 누릴 수 없었던 첫 세대였습니다.

난생처음 학교에 입학했는데 학교는 열리지 못했고 선생님, 친구들을 만날 수 없었습니다. 원격수업은 어색하기 짝이 없는 데다 그나마 마스크를 착용하고 있어 얼굴을 익힐 수도 없었습니다. '학생인데, 학생 같지 않은, 학생 같은' 생활은 장장 3년간 지속됐습니다. 그나마 다른 학년들은 학교 생활이나 수업을 체험했고 기초학습을 지난 시기였지만, 이 아이들은 생애 첫 공교육 기초학습을 온전히 체험하기가 어려웠습니다.

초등학교 1학년은 어떤 학습적인 의미가 있을까요? 대개 이때의 아이들에게 "학교 다니니까 어때?"라고 물으면 "재밌어요"라는 답이 나옵니다. 과목별 학습 내용이 어렵지 않아 자신감과 성취감을 느끼기 쉽고, 새로운 내용을 배워가는 데 호기심과 흥미가 높은 시기라서 그렇습니다. 이때 자기주도적으로 학습을 해나가면 "나는 뭐든지 잘하는 아이야"라는 자신감과 성취감이 강화될 수 있습니다. 학습에의 기본 습관, 바람직한 학습 정서를 갖춰가는 토대가 되는 중요한 시기인데, 2020년 초등학교 1학년생들은 제대로 누리지 못했습니다. 다른 형님들처럼 차근차근 학습적 성장을 해나갈 기회를 빼앗긴 것이나 다를 바 없습니다.

2020년 초등 1학년이 가장 큰 피해자이지만, 2021~2022년 사이에 초등학교에 입학했거나 초등 저학년이었던 아이들도 마찬가지입니다. 저는 이 아이들이 수학에 어려움을 겪는 경우를 적잖게 목격합니다. 학업에 자신감을 느끼지 못하거나 성취감을 느껴보지 못한 경우가 있습니다. 제가 만나는 모든 아이들이 소중하지만, 이 아이들에게 좀 더 애틋함을 가지고 다가갑니다. "어렵다고만 생각했는데 나도 잘하는구나" "스스로 해냈어" "선생님께 의존하지 않은 나는 멋진 사람이야" 등과 같은 자신감과 성취감을 튼튼하게 심어주려고 노력합니다.

혹시 우리 아이가 2020년에 초등학교에 입학했다면 혹은 2020~2022년 사이에 초등 저학년이었다면 학습결손이 있는 건 아닌지 주의 깊게 살펴보길 권합니다. 물론 다른 학년에서도 같은 이유로 학습결손이 발생했을 수 있으니, 살펴보는 게 필요합니다. 혹시 아이가 학습에 어려움을 겪는다면 그건 아이의 잘못이 아닙니다. 부모들의 잘못도 아닙니다. 우리 모두가 함께 겪어낸 시대적 불행일 뿐입니다.

학습결손이 있는지의 여부는 어떻게 알 수 있을까요. 이전 학년 기본유형 문제만 추려서 풀어보면서 어려워하는 지점을 찾아도 되고, 현재 학년 문제풀이에서 막히는 지점을 보고 그 단원과 연계되는 과거 학습 단원을 찾아내면 됩니다.

학습결손이 발견됐다면 현재 학년 진도를 나가되(현행 학습으로 개념과 연산 학습 진행), 학습결손이 있는 단원에 대해서는 따로 개념과 연산 학습을 병행하도록 합니다. 학습결손이 있는 아이는 응용, 심화, 경시 단계의 문제를 푸는 건 의미가 없고, 선행을 나가기도 힘듭니다. 현행을 놓치지 않으면서 결손된 지점을 복습하는 게 낫습니다. 만약 전체적으로 기초가 약하다면 개념이 아주 쉽게 정리돼 있는 이전 학년 개념서와 연산문제집을 마련하여 차근차근 복습하도록 합니다.

학습결손이 있는 아이는 어려운 난이도의 교재로 학습하면 안 됩니다. 쉬운 문제 위주로 풀어서 '수학이 어려운 줄 알았는데 해볼 만하구나'라는 자신감과 성취감을 느끼게 해주어야 합니다. 기초를 다지면서 단계를 천천히 높여가면 됩니다.

우리 아이 교육환경 알아보기①
2015 개정 교육과정

과목 수 증가, 깊이 더해진 고등 수학

앞서 아이들이 수학을 싫어하게 된 이유를 짚어보았습니다. 학습결손, 문장제 문제풀이의 어려움, 스스로 생각하기를 힘들어하는 것, 이 세 가지는 우리 아이들의 내부적 환경요인이라고 할 수 있습니다. 이제부터는 외부적인 환경요인인 교육환경을 짚어보고자 합니다.

여기서 교육환경이란 2015 및 2022 개정 교육과정으로 조성된 환경을 말합니다. 우리 아이들은 교육부에서 수립한 교육과정에 따라 학교 교육을 받고 있으므로, 교육과정은 우리 아이의 학습능력에 영향을 미치는 매우 중요한 환경요인이라 할 수 있습니다. 이제부터는 두 차례의 개정 교육과정에 어떤 특징이 있고, 우리 아이 수학 학습에 어떤 영향을 미쳤는지 살펴보겠습니다.

먼저 2015 개정 교육과정은 2002년생부터 2016년생까지 배우게 되는 교육과정이고[4], 2027학년도 수능까지 적용됩니다[5]. 서울특별시교육청 교육연구정보원에서 발행한 『2022학년도 서울 고교학점제 기반 조성을 위한 2015 개정 교육과정 선택과목 안내서』를 통해 우리 아이들이 고등 수학 교과과정을 어떻게 이수하게 되는지 짚어보겠습니다. 아이들은 고등학교 1학년 때 공통과목 『수학』을 배운 다음, 2~3학년에서 일반선택 과목과 진로선택 과목을 배웁니다. 일반선택·진로선택 과목들 중 『확률과 통계』와 『기하』는 이수시기가 학교마다 다를 수 있습니다.

대입 때 학생이 어떤 과목을 수강했는지를 보고 전공 적합성을 평가하는 대학들이 있습니다. 그래서 고등학교에서 선택과목을 고르기에 앞서 자신의 진로와 적성 그리고 그에 맞는 학과를 고려하면 좋을 것입니다. 전공 적합성이 높은 선택과목을 수강하면 아무래도 대입 때 유리할 테니까요.

『2015 개정 교육과정 선택과목 안내서』에 따르면 진로를 고려한 과목 선택과 선택과목에 대한 충실한 학습은 대학입학전형 중 '학생

---

4. 2017년생부터 2022 개정 교육과정 적용.
5. 2015 개정 교육과정/나무위키.

〈2015 개정 교육과정 수학 교과 구성〉

```
보통교과(공통과목) : 수학

선택과목 ┬ 일반선택 - 수학Ⅰ, 수학Ⅱ, 미적분, 확률과 통계
        └ 진로선택 - 기본수학, 실용수학, 인공지능 수학, 기하,
                    경제수학, 수학과제 탐구

전문교과 ┬ 심화수학Ⅰ, 심화수학Ⅱ
(※과학 계열) └ 고급수학Ⅰ, 고급수학Ⅱ
```

부종합전형'과 관련이 깊습니다. 학생부종합전형은 학교 교육과정을 통해 아이가 이룬 성취와 발전 가능성, 잠재력을 평가하는 전형인 만큼, 어떤 선택과목을 선택했고 어떤 경험을 쌓았는지는 중요한 평가 요소가 됩니다.

  고등 수학의 교과목과 내용을 살펴보면 중등 수학과 다른 점이 많습니다. 과목의 숫자가 많아졌고, 과목별로 위계가 있어서 이를 고려하여 학습 순서를 정해야 합니다. 『수학』을 먼저 배운 후, 『수학Ⅰ』을 배우고 『수학Ⅱ』를 배우거나, 『수학Ⅰ』과 『수학Ⅱ』를 병행해서 배웁니다. 『경제수학』은 『수학Ⅰ』을 배운 후 배울 수 있고, 『미적분』은 『수학Ⅰ』과 『수학Ⅱ』를 모두 배운 후 배울 수 있습니다. 『확률과 통계』, 『수학과제 탐구』, 『인공지능 수학』은 공통과목 『수학』을 배운 후 배울 수 있습니다. 이런 점들을 고려하면 고등 수학은 중등 수학

〈일반선택 과목의 위계〉

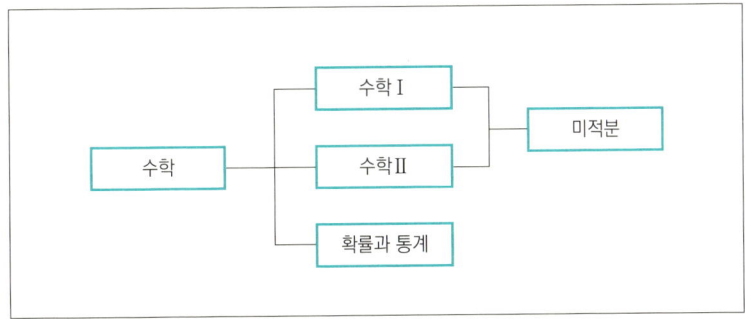

〈진로선택 과목의 위계〉

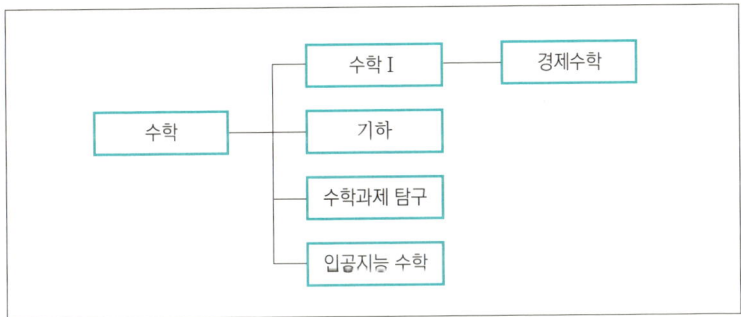

- 출처: 「2022학년도 서울 고교학점제 기반 조성을 위한 2015 개정 교육과정 선택과목 안내서」

에 비해 좀 더 복잡하고 어려워졌다는 걸 알 수 있습니다.

문·이과 구분이 폐지되고 학문 간 융합을 추구하는 2015 개정 교육과정의 취지를 반영코자 2022학년도 수능에 처음으로 수학 영역 과목 구조가 개편되었습니다. 문·이과 통합 수능 체계는 2027학년도까지 유지돼 2023년 현재 중학교 3학년이 이 체제하에서 수능을 보는 마지막 학년이 됩니다.

	2021년 이전	2021학년도 수능	2022학년도 수능
가형(이과)	미적분Ⅱ, 확률과 통계, 기하와 벡터	수학Ⅰ, 확률과 통계, 미적분	★ 문·이과 구분 폐지 ◦ 공통 : 수학Ⅰ, 수학Ⅱ ◦ 선택 : 확률과 통계, 미적분, 기하 중 택1
나형(문과)	수학Ⅱ, 미적분Ⅰ, 확률과 통계	수학Ⅰ, 수학Ⅱ, 확률과 통계	

 2015 개정 교육과정 적용 하의 수능에서 주요 대학들은 수학 및 탐구 영역에서 특정 과목을 응시하도록 지정했습니다. 수학은 『미적분』이나 『기하』 중에 하나를, 탐구는 과학 과목을 응시하도록 한 것입니다. 이 같은 필수 응시 과목 지정은 자연계열 모집단위일 때 특히 중요하게 살펴보아야 했습니다. 그러나 2025학년도 수능에서 서울 및 수도권 소재 주요 대학들이 필수 응시 과목 지정을 폐지하겠다는 방침을 밝혔습니다. 교육부는 2028학년도 수능부터 국어·수학·탐구에서 선택과목 없이 통합 평가하겠다고 발표했습니다.

 개정 교육과정과 대학입시제도가 변화하고 있지만, 그럼에도 수학의 중요성은 크게 달라지지 않을 것입니다. 그 이유를 4장에서 자세히 짚었기에 여기서 간단히 언급하자면, 고등 수학은 미래 사회가 필요로 하는 학문을 담고 있기 때문입니다. 중등 수학보다 고등 수학의 공부량이 많고 깊이가 깊어진 건 이 때문이지요. 초등과 중등 때 수학 학습을 소홀히 했다면 수포자의 길로 들어설 수밖에 없는 거죠.

그렇다면 초등과 중등의 학습환경은 고등 수학의 토대를 훌륭하게 만들 수 있을 정도로 괜찮은 걸까요. 안타깝게도 아쉬운 점이 있다고 생각합니다. 초등학교와 중학교 모두 우리 아이의 수학 능력 향상에 어려움을 줄 만한 환경요인이 존재하는데요. 뒤이어 살펴보겠습니다.

책임을 다하지 못한 한글책임교육

2015 개정 교육과정에는 초등학생 한글책임교육에 대한 내용이 포함돼 있습니다. 그간 교육부는 한글교육을 초등학교 교육과정으로 규정하고, 누리과정[6]에서 직접적인 방식으로 한글을 가르치는 것을 금지해왔는데요. 2017년부터 2015 개정 교육과정이 학교 현장에 적용되면서 학교에서는 초등 1~2학년 한글 교육 시간이 종전의 2배로 늘었습니다. 초등학교 수업시간에 무리한 받아쓰기를 시키거나, 유치원과 어린이집에서 은연중에 보호자에게 한글교육을 권유하거나

---

6. 유치원과 어린이집에 다니는 만 3~5세 유아를 대상으로 2012년에 도입된 공통교육과정.

일기 쓰기 등 초등 저학년 수준의 활동을 하지 않도록 했습니다[7].

충분한 놀이를 통해 유아가 몰입과 즐거움 속에서 자율성과 주도성을 키우자는 취지에 공감합니다. 초등학교에서 한글교육을 전적으로 책임지겠다는 것에도 박수를 보내고 싶습니다. 교육기관에서 아이들의 기초교육을 책임져 준다면 부모들은 얼마나 마음이 놓일까요. 문제는 이것이 실제로 잘 구현되고 있느냐는 것입니다.

우리 자신을 포함해 주변에 "자녀가 학교 교육으로 한글을 뗐는가"라고 물어보면 "그렇다"고 대답하는 사람이 아무도 없을 것입니다. 대부분의 부모들이 초등학교 입학 전까지 아이에게 한글을 가르쳐야 한다는 걸 당연시해왔습니다. 공교육의 다짐을 믿은 부모들은 학교에 맡겨 보았지만 결과는 실망스러웠습니다.

초등학교에 입학한 아이들은 한글을 배우는데, 교육 시간이 여전히 부족합니다. 학교 교실에는 한글을 떼지 못한 아이들과 글을 읽을 줄 아는 아이들이 혼재해 있습니다. 국공립 유치원은 누리과정대로 한글교육을 하지 않은 반면에 대부분의 사립 유치원과 어린이집에서 재량껏 한글교육을 실시했습니다. 이처럼 교육기관들 간의 차이와 부모의 교육관에 따라, 아이들은 공교육에 진입함과 동시에 학습격차를 경험하고 있습니다.

---

7. 내년부터 초등학생 한글교육 학교가 책임진다/연합뉴스/2016.08.01.

한글을 떼지 못한 아이들과 글을 읽을 줄 아는 아이들의 차이는 큽니다. 누군가는 'ㄱ, ㄴ, ㄷ'을 배우는데, 옆에서는 책을 읽습니다. 한 반에서 수업받는 아이들에게 이렇게 큰 교육편차가 존재한다면 선생님이 어디에 기준을 맞춰야 할까요. 누군가는 눈치를 보면서 한글을 배워야 하고, 다른 누군가는 수업시간이 지루해 못 견딜 것입니다. 이처럼 국어 교육에서 혼란이 불가피합니다. 불편한 학습격차는 우리 아이들이 고스란히 감당해야 하는 몫입니다. 선생님들 역시 학습격차가 큰 아이들을 대상으로 수업을 하느라 힘이 듭니다.

국어 교육에 대해 말하고 있지만, 수학 역시 그렇습니다. 사칙연산을 배우고 들어오는 아이들은 생각보다 많습니다. 물론 안 배우고 들어오는 아이들도 있습니다. 아이들마다 학습격차가 크므로 수업을 어떤 과정과 난이도로 진행해야 할지 선생님들은 고민이 됩니다.

문제는 또 있습니다. 교육부는 한글을 초등학교에서 가르치겠다고 했습니다. 그런데 국어 시간에 가나다를 배울 때 수학 시간에는 문장을 읽고 답을 써야 합니다. 짧은 문장으로 답해야 하는 문제도 풀어야 하고요. 이제 막 한글을 배우거나, 기초 한글을 뗀 아이들로서는 어려운 수준이죠. 국어 교과서가 아무리 쉬워져도 수학 교과서가 어렵다면 이 때문에 국어, 수학 모두 선행을 하지 않을 수 없습니다. 이렇듯 교육정책 실행에서의 엇박자도 문제입니다.

이런 사실들을 종합해보면 공교육에 여러모로 아쉬운 마음이 드는 게 사실입니다. 부모들은 공교육에서 기초교육을 잘 감당해줄 거라고 믿지 않습니다. 문화체육관광부와 교육부가 2018년 10월 발표한 「공교육의 한글책임교육 실시 이후 학부모 인식 변화 조사 보고서」[8]에 따르면 미취학 아동 학부모의 84.5%, 초등학교 1학년 학부모의 89.8%, 초등학교 3~6학년 학부모의 94.8%가 '취학 전에 한글교육을 했다'고 응답했습니다. 취학 전 자녀에게 한글을 가르친 이유 1위는 '초등학교 1학년 적응을 위해서'였습니다[9]. 또한 한글책임교육 정책 인지 여부에 대해서는 '알고 있었다'는 응답이 과반을 넘기지 못했습니다[10]. 만약 한글책임교육이란 정책이 교육현장에서 잘 이뤄졌다면 부모들이 모를 수 없을 것입니다.

 이 조사는 교육정책이 현장에서 제대로 실행되지 못하고 있음을 잘 보여줍니다. '붕괴되는 공교육'에 대해 혹자는 부모들이 사교육에 의존해서 공교육이 제 역할을 하지 못하는 거라고 주장하겠지만, 부모들은 공교육이 제 역할을 하지 못해 사교육에 의지할 수밖에 없다고 반박할 것입니다. 교육열이 이처럼 뜨거운 나라에서 공교육으로

---

8. 조사대상 : 미취학아동 부모 1천 명, 초등학교 1학년 학부모 1천 명, 초등학교 3~6학년 학부모 1천 명.
9. 미취학 아동 학부모의 41.3%, 초등학교 1학년 학부모의 43.2%, 초등학교 3~6학년 학부모의 43.0% 응답.
10. 미취학 아동 학부모의 24.2%, 초등학교 1학년 학부모의 40.7%, 초등학교 3~6학년 학부모의 32.2% 응답.

한글을 뗄 수 없다는 현실이 서글픕니다. 닭이 먼저인지 달걀이 먼저인지 따지기보다는, 우리 아이들을 위해 지금부터라도 공교육의 책임 있는 역할을 정립하는 것이 필요해보입니다. 공교육이 마땅히 감당해야 할 이슈를 정하고, 이를 명확히 지키기 위한 실질적인 방안이 절실합니다.

국어 교육과 관련된 또 하나의 이슈는 한자 교육에 관한 것입니다. 공교육에서 한자 교육의 비중이 축소된 지 오랜 시간이 흐른 후 등장한 이슈가 문해력입니다. 독서교육의 부재와 아울러 문해력 부족이 교육계의 이슈가 되었습니다. 아이들의 문해력 부족은 책읽기에 소홀해진 것이 주요 원인이지만, 한자 교육의 부재하고도 연관돼 있다고 생각합니다.

우리가 사용하는 말에는 한자어가 정말 많습니다. 그런데 어른들 사이에서는 흔하게 사용되는 어휘인데 어린이와 청소년은 알아듣지 못하는 경우가 비일비재합니다. 안중근 의사의 의사(義士)를 '의로운 선비'가 아니라 'Doctor'라고 여기고, 금일(今日)을 '오늘'이 아닌 '금요일'의 줄임말로 여기는 바람에 의사소통 오류가 발생합니다. 뜻을 모르는 단어가 문장 안에 있으면 당연히 문장도 이해할 수 없습니다. 아이들은 그런 단어를 배운 적이 없어서 모르는 건데, 어른들은 아이들에게 "어휘력이 너무 떨어진다"면서 혀를 찹니다. 학교에선 한자 교육에 소극적이지만, 한자를 가르치는 학습서와 학원은 인기를 끌고 있습니다. 이 역시 현장과 교육정책 간의 불합치를 보여줍니다.

이런 현실 속에서 우리 아이들을 어떻게 가르쳐야 할까요. 공교육을 신뢰하여 아이들의 교육을 온전히 맡겨보자고 말하긴 현실적으로 어렵습니다. 우리 부모들은 어떤 교육정책이 발표되는지, 현장에서 어떻게 적용되고 있는지를 관찰해서 현실에 맞지 않는 점이 있다면 적극적으로 개선의견을 내야 합니다. 정책이야 어떻든 내 아이만 잘 가르치는 데 관심을 두어서는 안 됩니다. 오늘날 우리 아이들에게 문해력 저하가 발견되는 것도 공교육이 독서 및 한자 교육에 소홀했던 탓이 큽니다. 교육정책이 우리 아이 학습환경에 미치는 영향력이 큰 만큼 부모들은 교육정책의 변화에 늘 관심을 가져야 합니다.

SKY가 목표였던 아이가 입시에 실패한 이유

"선생님, 제가 학원 수업에 갈 여유가 없어요. 죄송해요."

A의 이야기를 들으면서 마음이 아팠습니다. A는 고등학교 1학년으로, 제가 초등학교 때부터 가르쳤습니다. 숫자 감각이 좋고 설명을 듣는 족족 이해를 잘하여 가르치는 입장에서 뿌듯했습니다. A는 중학교 2~3년 내내 전교 1등을 놓치지 않았고, 목표는 SKY였습니다.

고등학교 원서를 쓸 때가 되었을 때, 아이 어머니는 집 가까이에 혁신 고등학교가 있어서 그곳으로 진학시킬 계획이라고 했습니다. 저는 A에게 내신을 착실하게 쌓을 것과 아울러 수능 준비도 잘해야 한다고 당부했고, A도 반드시 목표하는 대학교와 학과에 진학하겠다고 의지를 불태웠습니다. 아쉽게도, 우리가 함께 원했던 그 결과를 단박에 거둘 수 없었습니다.

그 이유는 A의 의지가 약해져서가 아니었습니다. 혁신 고등학교의 다양한 수행평가를 감당하느라 너무 바빴기 때문입니다. A의 학교는 토론수업과 그와 연관된 과제를 아이들에게 많이 내주었는데, 과제가 너무 많아서 A를 비롯한 그 학교의 고등학교 3학년 수험생들은 대입 준비에 어려움을 겪었습니다. 수시전형 중 학생부교과전형·학생부종합전형에 응시하려면 학교 내신을 잘 받아야 하고, 지역균형선발전형 등 학교장추천전형에 응시하려면 학교 생활에서 리더십과 적극성을 발휘했다는 사실을 인정받아야 합니다. 당연히 학교에서 지도하는 대로 잘 따르게 됩니다.

수시전형이라 하더라도 수능 최저 학력기준[11]을 충족해야 하는 대학에 지원했다면 평소에 수능 대비를 반드시 해야 합니다. 그러나 A는 학교에서 다양한 프로젝트와 수행평가에 참여하느라 수능 대비 학습에 매진할 수 없었습니다. A는 내신 등급은 확보했지만 수능에

---

11. 수시 모집에서 대학들이 정해놓은 수능 성적의 하한선.

서 제대로 실력 발휘를 하지 못하여 자신이 지원한 대학 학과의 수능 최저 학력기준을 맞출 수 없었고, 졸업하고 1년을 더 공부한 후에 자신이 원하는 대학에 진학하였습니다.

일방적이고 수동적인 교육방식에서 벗어나 아이들이 능동적이고 자유롭게 학습하고 자신의 적성과 진로를 탐색하게 한다는 혁신학교의 취지는 분명 근사합니다. 제대로 구현된다면 우리 아이들은 너무나 행복하게 학습할 수 있을 것입니다. 성공사례를 찾는 게 어렵지 않은 걸 보면, 혁신학교의 본 취지대로 교육해나가는 학교들이 많다는 걸 알 수 있습니다.

그럼에도 불구하고 다른 시각도 존재합니다. 초등보다 중고등학교에서 그런데요. 혁신학교가 공교육의 획일적인 교육 커리큘럼에서 벗어나 시험 부담을 낮추고 창의적이고 자율적인 학습능력을 키우는 데 중점을 두고 있어, 기초학력을 착실하게 쌓아가고 대입에 대비하는 데 불리하다는 것입니다. 혁신학교의 취지에 맞게 수업이 준비되지 않아서 불만족스러웠다는 사례들도 존재하고요. 부모들 중에 혁신학교를 기피하는 분들이 있고, 자기 지역 학교가 혁신학교에 지정될 것 같으면 반대 의견을 제시하는 분들도 있습니다. 찬성 의견만큼 '기초학력 미달' 및 '입시와 동떨어진 교육내용으로 인해 대학 진학률 저조' 때문에 반대하는 의견이 있는 거죠. 혁신학교가 진정한 성공을 거두기 위해서는 교육당국이 찬반 양쪽의 의견을 모두 눈여겨봐야 할 것입니다.

　같은 맥락에서 자유학기제·자유학년제의 문제점도 이야기하고 싶습니다. 자유학기제는 2015 개정 교육과정의 일환으로, 중학교 1학년 1학기~2학년 1학기 중 한 학기를 선택해 아이들이 꿈과 재능을 발견하기 위한 체험활동과 예체능 수업 등을 진행하는 것입니다. 2016년부터 전국 중학교에 적용되었습니다. 이때 중간(1차 지필평가)·기말(2차 지필평가) 고사와 같은 지필평가를 하지 않습니다. 자유학년제의 목적과 활동 내용은 자유학기제와 동일한데, 중학교 1학년 내내 중간·기말 고사를 보지 않고 체험활동과 적성 및 진로 탐색 등을 합니다. 2020년부터 전국적으로 실시되었습니다.

　중학교 1학년 아이들이 일찍부터 대학 입시에 매몰되기보다 자유롭게 진로를 탐색하고 창의적인 체험활동을 하는 데 중점을 두는 건 좋습니다. 그러나 중간·기말 고사를 보지 않게 되면서 중학교 1학년 아이들이 학습에 소홀해졌다는 점을 주목해야 합니다. 수학에서 중학교 1학년, 그중에서도 1학기는 앞으로 6년간 수학을 끝까지 잡고 가느냐, 아니면 수포자로 전락하느냐를 가르는 중요한 시기입니다. 이때 어느 수준의 문제까지 학습했는지가 앞으로 실력 성장을 좌우합니다. 그런데 자유학기제·자유학년제 때문에 지역 및 학교별 학습 격차가 커졌고, 입시에까지 영향을 미치게 되었습니다. 중학교 1학년의 중요성을 모른 채 학습에 소홀했다가 나중에 고전하는 아이들이 적지 않습니다.

일반과목의 시수를 자유학기제·자유학년제 시수에 할애하는 형태도 문제입니다. 배워야 할 학습량이 줄어들지 않은 채 시수를 빼앗기다 보니 학습시간이 부족해 중요한 부분을 충분히 배우지 못한다는 것입니다. 자유학기제·자유학년제 관련 수업의 질이 아이들의 기대에 미치지 못한다는 비판도 있었습니다. 도입 취지를 살리면서 아이들의 학습능력이 저하되지 않을 수 있도록 보완책이 필요합니다.

2022 개정 교육과정에서는 자유학기제 일환인 학생참여수업을 주제선택, 진로탐색, 예술·체육, 동아리활동의 4개 영역에서 주제선택 및 진로탐색활동의 2개 영역으로 축소하고, 의무편성시간을 연간 총 170시간에서 102시간으로 줄이도록 했습니다. 또한 2025년도부터는 중학교 1학년 1학기 혹은 2학기 중 하나를 택해 자유학기제를 운영하고 나머지 학기에서는 일반 수업을 진행하는 것으로 바뀌었습니다. 3학년 2학기에는 진로연계학기를 신설하여 고교학점제를 대비하기로 했습니다.

2023년 6월 들어서 교육부는 초등학교 3학년과 중학교 1학년을 '책임교육학년'으로 지정하고 기초학력이 미달되지 않도록 학교에서 책임지겠다고 발표했습니다. 학생의 학습능력을 정확히 진단하고 맞춤지원을 통해 기초학력을 보장하겠다는 것인데, 그런 차원에서 맞춤형 학업성취도평가를 초등학교 3학년과 중학교 1학년 전체 학생들이 참여할 수 있도록 지도교육청에 권고하기로 했습니다. 최근 문제시되는 아이들의 기초학력 저하 현상을 막고 사교육 의존을 해결하기 위한 대책으로 보입니다.

만약 내 아이가 중학교 혹은 고등학교를 혁신학교로 진학하게 되었다면, 아이의 기본적인 학습이 잘 이뤄지고 수능을 대비할 수 있도록 교육과정이 진행되고 있는지 관심을 기울여야 합니다. 또한 내 아이가 중학교 1학년 자유학기제·자유학년제를 지내고 있다면, 자기주도적 진로와 적성 탐색과 아울러 교과 학습에 소홀해지지 않도록 지도해야 합니다.

아이들 스스로 주도적이고 자율적인 학습과 탐구, 정말 이상적인 교육입니다. 저는 이러한 이상이 우리 교육현장에 잘 뿌리내려야 한다고 믿습니다. 그러나 그와 함께 기초학력을 쌓기 위한 학습도 중요시되었으면 합니다. 수능에 대한 대비도 소홀히 해서는 안 되고요. 아이들이 시기별로 꼭 배워야 할 내용을 제대로 학습하는 노력이 병행되어야, 혁신학교와 자유학기제·자유학년제의 취지가 잘 살아날 수 있을 것입니다.

우리 아이 교육환경 알아보기②
2022 개정 교육과정

문제해결력, 디지털 AI 소양을 중요시한 수학 교과

    2022 개정 교육과정은 2024년도 초등학교 1~2학년부터 단계별로 적용돼[12] 2027년도에는 초등학교~고등학교까지 전면 적용됩니다. 2028학년도 수능부터 2022 개정 교육과정이 반영됩니다.

    2022 개정 교육과정은 미래사회의 불확실성에 대응하여 미래사회가 요구하는 역량을 함양하는 교육을 목표로 하는데요. 지식·정보의 폭발적 증가에 따라 단편적 지식의 습득보다는 학습한 내용을 삶

---

12. 2025년 초등학교 1~4학년/중학교 1학년/고등학교 1학년, 2026년 초등학교 1~6학년/중학교 1~2학년/고등학교 1~2학년 적용.

의 맥락에 적용하고 복잡한 문제를 해결하는 역량을 중요시하겠다는 것입니다. 이 같은 목표가 잘 반영된 것이 수학 교과 편제라 할 수 있습니다. 수학 교과는 과거에 비해 무엇이 달라졌을까요.

우선 초등 수학과 중등 수학 교과 내용의 연계성이 강화되었습니다. 2015 개정 교육과정에서는 초등과 중등 수학 교과 영역이 서로 달랐는데, 2022 개정 교육과정에서는 하나로 통일되었습니다. 초등 수학의 '규칙성'이 '변화와 관계'로 바뀌고, '도형'과 '측정'이 '도형과 측정'으로 합쳐졌습니다. 본래 수학이 계통학문으로서 초등~고등까지의 학습 내용이 연결되지만, 좀 더 강화되었다는 차원으로 이해하면 됩니다. 초등·중등의 4개 영역은 고등 수학의 공통과목과 선택과목을 학습할 때 기초가 되는 내용입니다.

세부적인 내용을 살펴보면 2015 개정 교육과정에서 중학교 3학년 때 배웠던 통계의 '대푯값'이 중학교 1학년으로 이동했고, 2009 개정 교육과정에서 삭제됐던 도형의 성질에서 '증명'이란 용어가 재도입되는 등의 변화를 확인할 수 있습니다.

고등학교 수학 교과는 크게 공통과목[13]과 선택과목으로 구분되고, 선택과목은 일반선택·진로선택·융합선택 등 세 가지로 나눕니

---

13. 수학 공통과목은 공통수학과 기본수학으로 나뉘는데, 기본수학은 공통수학을 대체 이수할 수 있는 과목임. 공통수학은 일반계 고등학교에서, 기본수학은 특수목적 고등학교에서 채택하는 좀 더 쉬운 과정의 수학이라고 볼 수 있음.

⟨2015 개정 교육과정&2022 개정 교육과정 초등~중등 수학 교과 영역 변화⟩

	2015 개정 교육과정	2022 개정 교육과정
초등학교	수와 연산, 도형, 측정, 규칙성, 자료와 가능성	수와 연산, 변화와 관계, 도형과 측정, 자료와 가능성
중학교	수와 연산, 문자와 식, 함수, 기하, 확률과 통계	

⟨2022 개정 교육과정 고등 수학 교과 구성⟩

공통과목	선택과목		
	일반선택	진로선택	융합선택
공통수학1 공통수학2 기본수학1 기본수학2	대수, 미적분Ⅰ, 확률과 통계	기하, 미적분Ⅱ, 경제수학, 인공지능 수학, 직무 수학	수학과 문화, 실용통계, 수학과제 탐구

※과학 계열 고교 제외

다. 현재 수능에서 선택과목 중 하나인 『미적분』이 Ⅰ, Ⅱ로 나뉘었고, 『미적분Ⅱ』가 『기하』와 같이 진로선택과목에 포함되었습니다.

　　2022 개정 교육과정 수학 교과의 목적은 ①수학적 지식을 활용한 문제해결력, ②수학적 사실에 흥미와 관심을 갖고 추측과 정당화를 통한 추론, ③수학적 사고·전략에 대한 의사소통과 수학적 표현의 편리함 인식, ④수학 개념·원리·법칙 간 관련성 탐구 및 실생활이나 타 교과에 수학을 적용해 수학의 유용성 인식, ⑤목적에 맞게 교과나 공학 도구를 활용해 자료를 수집·처리하여 정보에 근거한 합리적 의

사결정 등 다섯 가지입니다. 이를 정리하면 문제해결력, 추론, 의사소통, 적용력, 자료 수집·처리 및 합리적 의사결정이 중요해진 교과 편제입니다. 특히 단순 연산능력보다 복잡한 문제 상황을 수학적 개념·원리·법칙을 도입해 해결하는 능력을 중요시하고, 디지털·AI 소양 함양을 교과목 편제에 반영하였습니다. 2009 개정 교육과정에서 삭제됐던 '행렬'(컴퓨터 이미지와 사운드 표현과 관련)이 고등학교 1학년 공통과목에 재도입된 것, 2015 개정 교육과정에서 삭제된 『확률과 통계』의 '모비율의 추정'(빅데이터와 관련), 『기하』의 '공간벡터'(벡터 이미지 표현 활용과 관련)가 재도입된 것 등이 그렇습니다.

과거에 삭제되었던 내용이 재도입되어 학습량이 증가한 반면에 시수는 줄어들어 아이들이 학습에 어려움을 겪을 수 있습니다. 시간이 없다는 이유로 대충 학습하고 넘어가지 않도록 주의해야 합니다. 또한 삭제되었던 내용의 도입으로 인하여 2028학년도 수능부터 문제 출제가 달라질 수 있다는 점도 기억해야 합니다. 이를테면 고등학교 1학년 과정에 행렬이 추가되면서, 수능에서 행렬 관련 문제가 출제될 수 있습니다.

아이가 진학을 희망하는 학과의 전공 적합성에 맞게 과목을 선택하는 것이 좋겠습니다. 아이가 어떤 과목을 선택했는지는 학교생활기록부에 기재되는데요. 학교생활기록부는 수시전형 중 학생부종합전형의 정성평가와 학생부교과전형의 정량평가에서 매우 중요한 자

⟨2022 개정 교육과정 초중고 수학 교과 세부 변경사항⟩

초등학교	1~2학년 과정 '오각형, 육각형' 삭제, 서수와 기수 등 한글 쓰기 활동 지양
	3~4학년 과정 '크기가 같은 각 작도' 삭제
	3~4학년 과정에 '등호와 같은 양의 표시' 추가
	5~6학년 과정 '그림그래프' 삭제, 6학년 원주율 파이값을 3.14로 고정
중학교	3학년 과정의 통계 '대푯값', 1학년 과정으로 이동
	2009 개정 교육과정에서 삭제된 도형의 성질 중 '증명' 용어 재도입(중학교 2학년 과정)
	상자 그림[14], 추세선[15] 새롭게 도입(중학교 3학년 과정)
	고등학교 1학년 과정의 '이차함수의 최대최소', 중학교 3학년 과정으로 이동
고등학교	『수학(상)』, 『수학(하)』가 『공통수학1』, 『공통수학2』로 변경
	『수학(상)』의 '도형의 방정식', 『공통수학2』로 이동
	2009 개정 교육과정에서 삭제된 '행렬', 『공통수학1』에 재도입
	『수학(하)』의 '경우의 수', 『확률과 통계』로 이동
	2015 개정 교육과정에서 삭제된 『확률과 통계』의 '모비율의 추정' 재도입
	2015 개정 교육과정에서 삭제된 『기하』의 '공간벡터' 재도입

료입니다.

　최근 출제기관의 어느 연구위원이 2028학년도 수능의 방향을 분석한 논문을 발표했는데, 여기에 수능 수학 시험에 계산기를 지참하는 방안을 검토해볼 필요가 있다는 내용이 담겨 있었습니다[16]. 우리나라의 수능이라 할 수 있는 미국의 SAT/ACT의 수학 시험에서는 계

---

14. 공학도구를 이용해 자료를 상자 그림으로 나타내고 분포 비교, 해석.
15. 차트에 일정한 직선 혹은 곡선으로 나타내는 선.
16. 바뀐 교육과정, 수능은?⋯ "계산기 도입도 고려해야"/뉴시스/2023.08.13.

산기를 사용할 수 있지만, 아직까지 우리나라는 초중고를 통틀어 수학 수업 및 시험에 계산기를 사용하지 않습니다. 계산기를 수능 시험에 지참하자는 건 아직 일부의 의견일 뿐입니다. 그러나 이 사례를 통해 우리나라 수학 교육 방향이 크게 변화하고 있다는 걸 분명히 알 수 있습니다.

수학적 추론력과 의사소통능력, 정보처리능력, 문제의 창의적 해결력 등을 키우는 것이 수학 교육의 목표가 되면서 중요하게 부상하고 있는 것이 논술형·서술형(논·서술형)입니다. 2023년 10월 10일 발표된 '2028학년도 대학입시제도 개편 시안'에 따르면, 교육부는 고교 내신에서 암기 위주의 오지선다형 평가 대신 논·서술형 평가를 확대하기로 했습니다. 논·서술형 학습에 대해서는 3장에서, 수학 교육의 변화와 그에 따른 내신과 수능 전략은 4장에서 짚어보겠습니다.

고등학교 교육과정의 대변혁, 고교학점제

고교학점제는 학점을 기반으로 한 선택 교육과정으로, 2020년부터 마이스터 고등학교를 시작으로 순차적으로 시행되기 시작하여 2022년부터 서울과 광역시를 포함한 전국의 일반계 고등학교까지 부분 도입되었으며, 2025년부터 전면 시행 예정입니다. 고등학교의

<고교학점제 운영 방식>

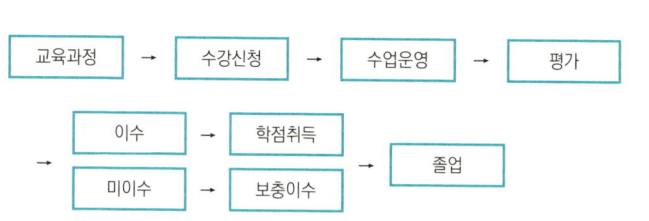

- **교육과정** : 학교는 학습자의 과목 선택권이 보장되는 학점 기반의 교육과정을 편성.
- **수강신청** : 학생의 학업 설계 결과와 수요 조사를 반영하여 개설이 가능한 과목을 확정하고, 학생은 개설된 과목 중 원하는 과목을 선택하여 개인시간표를 작성.
- **수업** : 개인시간표에 따라 수업에 참여.
- **이수/미이수** : 교사는 석차보다는 학생이 성취 기준에 어느 정도 도달했는가를 평가함으로써 학생의 과목 이수 여부를 결정.
- **학점 취득** : 학생은 이수한 과목에 대한 학점을 취득.
- **졸업** : 누적 학점이 졸업 기준에 도달하면 고등학교를 졸업.

-출처 : '고교학점제' 정책 소개/한국교육개발원·한국교육과정평가원·한국직업능력연구원

과목은 필수와 선택으로 구분되는데, 필수과목은 말 그대로 선택의 여지 없이 들어야 하는 과목이므로, 선택과목을 고교학점제로 수강하게 됩니다. 자기 적성과 진로에 맞는 과목을 선택하여 수업을 듣고 평가를 받습니다.

단지 과목을 수강 완료했다고 하여 학점을 취득할 수 있는 게 아

⟨고교학점제 성취율 평가⟩

성취율	성취도
90% 이상	A
80% 이상 90% 미만	B
70% 이상 80% 미만	C
60% 이상 70% 미만	D
40% 이상 60% 미만	E
40% 미만	I (Incomplete, 미이수)
미이수 시 보충이수 지원	

−출처 : '고교학점제' 정책 소개/한국교육개발원·한국교육과정평가원·한국직업능력연구원

니라, 과목별 목표 성취 수준에 충분히 도달하였다고 선생님이 평가했을 때 과목 이수가 인정돼 학점을 취득할 수 있습니다. 기존에는 출석일수로 졸업 여부를 결정했는데, 고교학점제하에서는 고교 3년간 최소 192학점을 채우지 못하면 졸업이 유예됩니다. 학점 취득은 '과목 출석률+학업성취율'로 결정되는데, 수업 횟수의 2/3 이상을 출석하고 성취율을 40% 이상 달성해야 합니다. 만약 40% 미만의 성취율(I등급으로, 미이수가 됨)이 나오면 별도의 보충수업을 받아서 이수할 수 있게 됩니다.

고교학점제는 학교 운영, 내신, 대입 모두에 영향을 미치게 되는 중대한 변화라 할 수 있습니다. 학생부종합전형에 교사추천서가 폐지(2022학년도 대입부터)된 데 이어 자기소개서까지 폐지(2024학년도 대

입부터)되면서 고교학점제 이수 과목과 평가 내용이 중요하게 작용하게 되었습니다.

고교학점제는 자유학기제·자유학년제, 혁신학교와 마찬가지로 아이들의 꿈을 키워주고 재능을 발견하여 그에 맞는 진로를 찾아가게 하겠다는 데 목표를 두고 있습니다. 아이들이 자기 진로와 적성에 맞게 과목을 스스로 선택해서 공부할 수 있다는 건 큰 장점입니다.

그런데 고교학점제의 장점이 잘 살아나기 위해서는 학교가 얼마나 잘 준비하느냐가 가장 중요할 것입니다. 이 제도를 실제로 적용하고 구현해나가는 건 일선 학교들과 그곳에 속한 선생님들이니까요. 고교학점제 전면시행이 목전에 닥친 만큼 학생들의 진로와 적성에 맞는 과목이 학교별로 잘 준비돼 있어야 합니다.

고교학점제의 취지가 좋지만, 일각에서는 걱정의 목소리가 있습니다. 어느 정도 준비가 되었는지에 대한 우려와 우리 교육 현실에 맞지 않은 형태라는 비판이 함께 존재합니다. 정시전형이 전국 기준 약 20% 유지되는 입시 정책[17]에 맞춰 수능을 준비하면서 고교학점제에 적응해야 하는 학생들의 부담감, 안 그래도 평소 과중한 업무에 시달리고 있는 선생님들의 부담감, 아이들의 학교 시간표를 짜는 것까지 신경을 써야 하는지에 대한 부모들의 불안감이 높은 것 같습니

---

17. 2025학년도 기준 수도권대학 정시 32.6%, 학생부종합전형 28.7%, 학생부교과전형 21%.

〈고교학점제 학점 구성〉

교과(군)	공통과목	필수이수학점	자율이수학점
국어	공통국어1, 공통국어2	8	학생의 적성과 진로를 고려해 편성
수학	공통수학1, 공통수학2	8	
영어	공통영어1, 공통영어2	8	
사회	한국사1, 한국사2	6	
	통합사회1, 통합사회2	8	
과학	통합과학1, 통합과학2, 과학탐구실험1, 과학탐구실험2	10	
체육		10	
예술		10	
기술·가정/정보/ 제2외국어/한문/교양		16	
소계		84	90
창의적 체험활동		18(288시간)	
총 이수학점		192	

다. 고교학점제가 전면 시행되면 이런저런 이유로 교육현장에서 일정 부분 혼란이 불가피하지 않을까 조심스레 예측해봅니다.

아이가 고교학점제의 적용 대상이라면, 진로와 적성에 대한 대화를 충분히 나눠서 전공 적합성에 맞춰 1학년 때부터 과목을 잘 선택하는 게 중요합니다. 원하는 과목을 잘 신청해서 수강하고 선생님과 수시로 소통하여 좋은 평가를 받을 수 있도록 관심을 가져야 합니다. 이전에 없었던 제도라는 점을 감안하여 학교에서 알아서 지도를 해줄 거라고 기대하기보다는, 아이와 상의하여 학점이 부족하거나 과목별 학업성취율이 뒤처지지 않도록 관리할 것을 권합니다.

디지털교과서와 학습 습관과의 상관관계

2022 개정 교육과정의 주요 내용 중에는 '디지털교과서 전면 도입'이 있습니다. 2025년부터 디지털교과서를 초중고 모두에 적용한다는 것입니다. 초등학교와 중학교의 경우 국어, 영어, 수학, 사회(역사 포함), 과학, 기술·가정, 고등학교의 경우 공통과목과 특수교육 기본교육과정 교과목을 디지털교과서로 개발한다고 합니다. 머잖아 우리 아이들은 종이책이 아닌 컴퓨터를 들여다보면서 수업하게 될 것입니다.

디지털교과서 전면 도입은 디지털 소양을 강화하겠다는 2022 개정 교육과정의 목표를 실행하기 위한 것으로 보입니다. 그러나 디지털교과서를 사용해야만 디지털과 AI를 이해할 수 있는 걸까요. 학습에 있어서 패드를 비롯한 디지털 기기를 활용하는 문제에 대해, 뒤에서 좀 더 풀어볼 것이기 때문에 여기서는 간단하게 정리하겠습니다.

공부란 어떤 것이고, 우리의 두뇌는 어떤 환경일 때 능력을 최대한 발휘할 수 있을까, 라는 점을 감안한다면 학교 현장에 디지털교과서를 전면 도입하는 건 두려운 변화가 아닐 수 없습니다. 아이들은 하루가 다르게 발달하는 첨단 기술을 배워야 하지만, 그것이 교과서를 종이가 아닌 디지털로 대체할 이유가 되는 건 아니라고 생각합니다. 안 그래도 아이들이 스마트폰을 비롯한 디지털 기기 사용에 길들여져 사회적 문제로 대두되는 와중에, 교과서마저 그렇게 바꾼다면 어떻게 될까요. 학교에서 디지털 기기를 당연하게 사용하던 아이가, 집에 돌아와 절제할 수 있을까요. 아이의 생활습관을 망칠 뿐 아니라, 두뇌 발달에 좋지 않은 영향을 미칠까 걱정스럽습니다.

스웨덴의 경우 우리나라보다 일찍 전자책을 도입하였다가, 디지털 기기가 아이들의 문해력에 악영향을 끼친다는 지적이 이어지면서 2023년에만 6억 8500만 크로나(한화 약 819억 원)를 투입해 종이책을 구입, 학교에 비치하기로 결정했습니다. 스웨덴은 디지털 도구를 선제 도입한 디지털 교육 선도국 중 하나로 손꼽힙니다. 그러나 스웨덴 정부는 앞으로 6세 미만 아동에 대한 디지털 학습을 완전히 중단할 방침이며, 전국의 초등학교에 종이책과 필기구를 사용하여 학습할 것을 당부했습니다.[18] 우리나라도 이런 전철을 밟지 않으려면 지금이

---

18. "태블릿 학습이 성적 떨어트린다"…819억 들여 종이책 구입하는 스웨덴/파이낸셜뉴스/2023.09.14.

라도 디지털교과서 전면 도입을 재고해야 한다고 생각합니다.

　변화라는 것이 우리 모두를 반드시 진일보시키는 건 아닌가 봅니다. 되레 지금까지의 발전을 후퇴시키는 변화도 있을 수 있겠지요. 좋지 않은 변화가 벌어졌을 때 그걸 알아보고 올바른 방향으로 다시 바뀔 수 있도록 노력해야 한다는 생각이 듭니다. 눈앞에 벌어지는 변화에 어떤 의미가 있는지 부모들의 관심이 필요한 때입니다.

수학,
우리 아이의 미래를 좌우한다

미래인재가 되려면 수학을 잡아라

지금까지 살펴본 것처럼 우리나라 교육정책은 시간의 흐름에 따라 변화하고 있습니다. 시간이 아무리 흘러도 변하지 않는 게 있다면 학문 탐구의 중요성이고, 여기엔 당연히 수학도 해당됩니다. 학문은 인간이 맞닥뜨리는 다양한 문제 상황에 대한 해답을 찾도록 하여 궁극적으로 인간이 좀 더 발전해나가는 데 도움을 줍니다. 비록 수학이 어렵게 느껴진다 해도 포기하지 말아야 하는 이유이죠.

수학의 중요성을 말할 때 많이 인용되는 인물이 있습니다. 아르키메데스인데요. 아르키메데스는 고대 그리스 시라쿠사 지역의 수학자·물리학자·철학자·발명가였던 인물입니다. 수식어가 화려하지만 그의 이름을 오늘날까지 유명하게 만들어준 건 뭐니 뭐니 해도 부력의 원리를 발견했던 사건이 아닌가 싶습니다.

어느 날 시라쿠사의 왕 히에론 2세는 세공사에게 순금을 주면서 왕관을 만들게 했는데, 막상 완성품을 보니 금이 빼돌려진 건 아닌가 하는 의심을 품게 되었습니다. 그는 아르키메데스를 불러서 자신이 맡긴 금이 그대로 왕관으로 만들어진 것인지를 확인해달라고 의뢰하였고, 아르키메데스는 고민에 빠진 채 목욕탕에 몸을 담궜다가 물이 넘치는 걸 보면서 부력의 원리를 깨닫게 되었습니다. "유레카"라고 외치면서 벌거벗은 상태로 뛰어다녔다는 걸 보면 그의 기쁨을 짐작할 수 있습니다.

아르키메데스는 왕이 세공사에게 맡긴 순금과 같은 무게의 금을 구하고 물통에 물을 가득 부은 다음 금을 물통 속에 집어넣었습니다. 그리고 다시 물통에 물을 채우고 왕관을 넣었습니다. 첫 번째와 두 번째에 동일한 양의 물이 넘쳤다면 왕관과 순금의 부피가 같은 것이고, 첫 번째보다 두 번째에 넘친 물의 양이 많다면 왕관의 부피가 순금의 부피보다 많은 것이므로 세공사가 금의 일부를 빼돌렸을 것입니다. 아르키메데스는 이 같은 실험 결과를 왕에게 보고하였고, 왕은 세공사에게 금을 빼돌린 죄를 물을 수 있었습니다.

서로 다른 성질의 물체 두 개가 있을 때 질량이 같더라도 밀도는 차이가 있을 수 있고, 그에 따라 부피가 달라질 수 있습니다. 밀도가 높으면 부피가 작아지고, 밀도가 낮으면 부피가 커집니다. 질량이 같고 부피 차이가 있는 두 물체를 각각 물에 넣었을 때 부피가 더 큰 쪽에서 더 많은 물이 흘러넘칩니다[19]. 따라서 질량이 같은 순금과 은이 섞인 왕관을 각각 물속에 집어넣으면, 은이 섞인 왕관이 (순금보다 밀도가 낮고 부피가 큰 만큼) 더 많은 물을 물통 밖으로 밀어내게 됩니다. 아르키메데스가 발견한 건 바로 부력의 원리입니다.

만약 아르키메데스가 부력의 원리를 발견하지 못했다면 문제를 해결할 수 있었을까요. 아르키메데스는 왕이 의뢰한 사건을 해결하기 위해 고도의 집중력을 발휘하였고 목욕탕에 들어갔을 때조차 생각을 놓지 않았습니다. 혹시라도 왕의 의뢰를 해결하지 못하면 어쩌나 하는 두려움에 매몰되지 않고 반드시 해결하고자 하는 의지로 끈질기게 문제를 붙들고 늘어졌기에 목욕탕에 들어갔을 때 물이 넘치는 현상을 포착하였고 힌트를 얻을 수 있었습니다.

아르키메데스의 일화처럼 수학의 유용성을 알려주는 사례는 많습니다. 사실 수학은 탄생 자체가 사람들이 만나는 다양한 문제 상황에 대한 해답을 구하는 데 있었습니다. 이를테면 기하학의 역사를 봐

---

19. 부력 : 물체를 유체(流體) 속에 넣으면 중력과 반대 방향으로 유체를 밀어 올리는 힘. 물에 물체를 넣으면 물체의 부피만큼 물이 밀려 올라감.

도 그렇습니다. 고대 이집트에서 해마다 약 6~7월부터 10월까지 나일강이 범람했고 이 때문에 농사를 짓는 땅의 경계가 불분명해지자, 농부들이 자기 땅의 경계를 알기 위해 토지를 측량하기 시작하면서 기하학이 발달하게 됐다는 설이 있습니다.

사례 하나를 더 보여드리겠습니다. 우리나라 기계공학계의 거목이라 할 수 있는 한화택 교수가 집필한 『미적분의 쓸모』(더퀘스트)에는 과속운전자를 잡기 위해 미분이 어떻게 활용되는지가 소개돼 있습니다.

네덜란드의 자동차 경주선수 마우리츠 하초니더스는 자신의 차가 도로 모퉁이를 돌 때의 속도를 측정하고자 미분의 원리에 의거해 '가초(Gatso)'란 카메라를 발명했습니다. 이 카메라가 오늘날 과속 방지 카메라의 시초가 되었는데요. 아스팔트 바닥에 일정한 간격으로 두 개의 와이어 루프를 설치하여 그곳을 밟고 지나가는 자동차의 통과시간을 측정하게 합니다. 두 감지선 사이의 거리를 통과시간으로 나누면 차량의 속도를 얻을 수 있습니다. 과속 감지 카메라는 이러한 방식으로 센서를 통해 과속을 인지하는 즉시 사진을 찍는 것입니다. 연속적으로 변화하는 대상을 수학적으로 분석하는 미분의 원리를 적용했기에 가능한 기술입니다.

$$V(\text{차량의 속도}) = \frac{\triangle L (\text{두 감지선 사이의 거리})}{\triangle t (\text{통과 시간})}$$

수학 잘하는 환경은 따로 있습니다

이 같은 사례들은 인류의 유구한 역사에서 수학이 얼마나 유용하게 쓰여 왔는지를 잘 알려줍니다. 저는 수학이란 학문이 가진 매력이 바로 수학적 사고력이라 말하고 싶습니다. 세상에 존재하는 모든 학문이 문제를 해결하는 힘과 연관돼 있지만, 수학에서 좀 더 그 매력이 빛난다고 생각합니다.

수학이 매우 중요한 역할을 하는 영역 중 하나가 AI(인공지능)입니다. AI는 말 그대로 인간의 두뇌를 인공적으로 구현한 컴퓨터 기술인데, 사람의 신경망과 유사한 인공신경망을 갖추고 알고리즘[20]을 통해 데이터를 조합·분석하여 학습합니다. 이걸 딥러닝(Deep Learning)이라고 합니다.

AI에서 수학이 중요한 이유는 AI가 숫자를 통해 학습하기 때문입니다. 컴퓨터는 숫자 0과 1만 인식할 수 있어 모든 데이터를 이들 숫자로 바꿔 입력해야 합니다[21]. 수많은 데이터를 숫자화하고 AI에 입력하고 학습시키는 모든 과정에 수학의 원리가 포함돼 있습니다. 벡터와 행렬, 미분과 적분, 선형대수학[22], 확률과 통계 등이 AI를 이해하고 운영하는 데 필요한 수학 개념입니다. 수학을 젖혀두고 AI를 이해·운영하는 건 불가능합니다.

---

20. 문제를 논리적으로 해결하기 위한 절차, 방법, 명령어의 집합.
21. 0과 1 두 종류의 숫자로 수를 나타내는 방식을 이진법이라고 함.
22. 벡터공간과 그 1차 변환에 관한 이론을 연구하는 수학의 한 분야.

전 세계적으로 4차 산업혁명이라는 대변혁이 이뤄지고 있고, 머지않아 사람이 하는 일의 상당 부분을 AI가 대체하게 될 거라고 합니다. 미래가 필요로 하는 인재는 AI를 운영할 수 있으면서 함께 협력해나갈 수 있는 사람입니다. 아이들의 진로를 고민할 때 이 같은 미래인재상을 염두에 둘 필요가 있습니다.

'마음의 힘'에 '수학'을 더하면

수학은 인류의 유구한 역사에서 유용하게 쓰여 왔기에 수학을 이해하면 세상을 좀 더 다른 눈으로 볼 수 있습니다.

"이렇게 중요한 수학을 우리 아이가 잘하지 못하는데 어떡하죠?"

지금까지 읽으면서 자녀의 수학 성적이 좋지 못해서 혹은 자녀가 수학을 싫어해서 낙심하는 분들이 있을지 모르겠습니다. AI 시대에 수학이 중요한 건 사실이지만, 아이가 수학을 잘하지 못한다고 하여 너무 낙심하지 않았으면 합니다.

수학을 잘하는 아이는 수학을 통해 자신감과 성취감을 키우고, 수학적 사고력을 갖추게 됩니다. 수학이 어려운 과목이라고 인식되고 있는 만큼 어려운 수학 문제를 풀어내고 성적을 조금씩 올려가는 것은 아이의 마음을 단단하게 만드는 데 큰 도움이 됩니다.

수학 잘하는 환경은 따로 있습니다

그런데 수학을 잘하지 못한다고 하여 아이가 이런 마음의 힘과 사고력을 얻지 못하는 건 아닙니다. 아이들은 누구나 자신이 빛날 수 있는 영역을 타고납니다. 수학에서 빛을 발하는 아이가 있는 반면, 다른 아이는 그림에서, 또 다른 아이는 달리기에서 재능을 발휘할 것입니다. 수학을 통해 세상을 보는 아이가 있다면 그림이나 달리기, 음악을 통해 세상을 보는 아이가 있을 것입니다. 저마다 재능 있는 영역을 즐기고 탐구하면서 마음의 힘을 키우고 사고력을 쌓아갈 수 있습니다. 제 아이들만 봐도 그렇습니다.

저는 세 아이를 키우는 엄마입니다. 첫째 아이는 수학을 무척 좋아합니다. 수학강사로서 첫째 아이가 어릴 때부터 수학에 재능을 나타내는 걸 보면서 참 뿌듯했습니다. 반면에 둘째 아이는 달리기를 너무나 잘하고, 셋째 아이는 음감이 정말 뛰어납니다. 둘째가 달리기를 할 때 표정이 얼마나 환해지는지, 셋째가 음악을 들을 때 얼마나 눈빛이 반짝이는지 엄마로서 느낄 수 있습니다. 어쩌면 저는 세 아이의 재능을 일부만 엿보았을지 모릅니다. 제가 감히 헤아리기 어려운 가능성이 아이들 앞에 펼쳐질 거라 믿습니다.

제가 이 책을 쓴 것은 많은 부모들에게 아이가 수학을 좋아하는 법을 알려드리고 싶어서였습니다. 그런데 사실 우리 아이들이 앞으로 자신의 인생을 능동적으로 펼쳐나가는 데 있어서 가장 중요한 것은 '수학'보다 '마음'입니다. 이 책에서 수학을 설명하면서도 마음을 강조하는 건 그 때문입니다. 어떤 어려움을 만나도 주저앉지 않고 잠시 뒷걸음칠지언정 포기하지 않는 마음, 내 앞에 닥친 문제를 긍정적으로 바라보며 상대해나가는 마음이 우리 아이들을 행복한 인생을 살게 해줄 것입니다. 우리가 수학을 가르치면서 절대 놓치면 안 되는 것이 이 같은 마음의 힘입니다.

우리 아이들은 수학을 공부해야 하지만, 수학 때문에 낙심해서는 안 됩니다. "내가 그렇지 뭐" "수학을 잘하지 못하는 건 내가 똑똑하지 못해서야" 등등과 같은 좌절감을 맛보지 않아야 합니다. 수학으로 인한 좌절감은 자존감을 해칠 수 있으니까요. 부모는 아이를 올바른 수학 학습의 길로 안내하되, 수학으로 인해 불필요한 좌절감을 느끼지 않도록 마음을 돌봐주어야 합니다.

가끔 우리나라 최고 학부에 입학한 제자들이 저를 찾아옵니다. 그토록 소원하던 대학교에 입학하고 난 후에도 아이들의 생활은 초중고 시기와 별다르지 않게 흘러가고 있었습니다. 기상 시간과 잠자리에 드는 시간, 공부시간, 여가시간 등 하루 일과가 일정하고, 허투루 시간을 쓰지 않는 등 자기관리를 철저하게 한다고 합니다. 꿈과 비전을 진지하게 생각하고 탐구해가면서 어쩌면 지루할 수 있는 과정을 잘 버텨나가고 있었습니다. 그런 모습을 보면서 공부가 사람을 성장시킬 수 있다는 사실을 새삼 깨닫게 됩니다.

어려운 문제를 만나도 흔들리지 않고 노력할 줄 아는 힘, 지루한 과정을 버텨내는 힘, 도전을 두려워하지 않는 힘이 있다면 단지 수학을 잘하는 것뿐 아니라, 앞으로 살아가는 데에도 큰 도움이 되지 않을까요. 우리 아이가 수학을 즐기게 되었다면 이런 힘이 생겨가고 있다는 증거일 겁니다.

수학 영재들이 가지고 있는 의외의 재능

앞서 언급했듯이 저는 아이 셋을 키우고 있습니다. 결혼해 첫 아이를 낳았을 때 마음을 먹은 게 있었습니다. '내가 수학을 가르치는 사람인 만큼 우리 아이에게 이상적인 수학 교육을 시켜보겠다'는 결심이었죠.

어릴 때부터 책을 많이 읽혀주고, 일상생활 속 작은 순간들마다 수개념을 가르쳤습니다. 가르친다기보다는 수를 가지고 놀이를 했다는 편이 더 정확합니다. 그 덕분인지 타고난 재능인지 알 수는 없지만, 아이는 수학을 좋아하게 되었습니다. 아이의 성장을 지켜보면서 '영재원에 보내면 어떨까?'라는 생각을 하게 되었습니다. 시중에 나와 있는 영재원 시험 대비 교재를 통해 시험 유형을 알 수 있었지만, 영재원 수업을 직접 경험해보고 싶었습니다. 엄마의 생각을 들은 아이는 "난 원래 시험을 잘 보잖아"라고 하면서 의욕을 보였습니다.

아이는 초등학교 2학년 말 OO대학교 영재교육원에 합격하였고, 6학년 때 △△대학교 영재교육원 시험에 합격했습니다. 수학에서 내로라하는 아이들과 제 아이가 어깨를 나란히 하게 되었다는 게 참 뿌듯했습니다.

입학 후 아이가 어느 교수님을 만나게 되었는데, 그분은 아이에게 이렇게 얘기했다고 합니다. 자기소개서에서는 별거 없었는데 면접이 인상적이어서 뽑았다고 말이죠. 저는 교수님의 말을 전해 듣고 무슨 의미인지 짐작할 수 있었습니다. 아마도 그분은 저희 아이가 굉장히 수다쟁이라는 점에 점수를 주었을 거라고 말이지요.

사실 영재원 입학을 위해 작성되는 자기소개서는 부모의 영향력이 미치는 영역입니다. 아이 홀로 작성하기보다 부모의 도움을 받아 작성하는 경우가 많습니다. 저희 아이도 별반 다르지 않았습니다. 아마도 다른 자기소개서들에 비해 차별점이 없었고, 면접관들에게 아이에 대한 호기심을 주는 것도 실패한 것 같습니다. 그런데 큰 기대 없이 면접에서 아이를 만난 교수님은 아이가 이야기하는 걸 흥미롭게 들어주었습니다. 아이 말로는 교수님이 시종일관 웃음을 지으며 아이와 이야기를 나눴다고 했습니다. 면접이었지만, 편안한 대화 같았다는 거죠.

설명을 들으면서 저는 아이의 '수다력'이 힘을 발휘했을 거라고 짐작했습니다. 첫째 아이는 어릴 때부터 자신이 보고 느낀 것에 대해 저와 이야기하기를 무척 좋아했습니다. 책을 보면 책 이야기를, 마트에 가면 각양각색의 상품들 이야기를, 친구를 만나면 어떻게 놀았는지를, 신이 나서 떠들었습니다. 저는 "정말?" "진짜 신났겠구나" "우리 아들 멋진데!"라는 감탄사를 섞어가면서 들어주었습니다. 아이의 수다력은 고등학교 2학년인 지금도 여전히 살아 있습니다.

저는 수학을 주제로 신나게 대화할 줄 아는 수다력을 다른 말로 '수학적 표현력'이라고 부릅니다. 자신이 가진 수학적 사고력을 말과 글로 표현하는 능력입니다. 제가 첫째 아이의 수다력, 즉 수학적 표현력이 영재원 합격 포인트일 거라고 짐작하는 건 이유가 있습니다.

수학 영재라고 인정받는 아이라면 누구나 문제풀이를 잘 해냅니다. 어려운 문제들 혹은 답이 정해져 있지 않은 문제의 해결방법을 창의적으로 풀어내니까 사람들이 영재라고 생각하는 거죠. 그런데 문제풀이를 잘하는 것과 자신이 아는 걸 말과 글로 표현하는 건 조금 다른 차원입니다. 문제를 잘 푸는 아이도, 자신이 아는 지식과 생각을 말과 글로 표현해내지 못할 수 있습니다.

만약 내 지식과 생각을 말과 글로 표현하지 못한다면 어떻게 될까요. 표현하지 못했다고 아는 게 없다고 단정해서는 안 되지만, 남들로부터 "잘 안다"고 인정을 받기는 힘듭니다. 내 머릿속 지식과 생각을 잘 표현할 수 있어야 상대가 나를 이해할 수 있고, 그와 협력할 수 있으며, 함께 문제를 해결할 수 있습니다. 그래서 영재원 입학 면접에서 면접관들은 아이가 자신이 아는 걸 잘 표현해내는지를 살펴보는 게 아닌가 싶습니다.

수다력이 있는 아이는 대학 입시에서도 유리한 고지를 점할 수 있습니다. 대입 때 대학들은 면접을 통해 최종 합격자를 결정합니다. 특히 수시전형, 그중에서도 학생부종합전형에서 면접은 무척 중요해지는데요. 2024년도 대입에서는 공정성 강화 차원에서 자기소개서가 폐지되고 학교생활기록부 내용이 대폭 축소[23]되면서 면접의 비중이 더 커진 것으로 나타났습니다. 고려대, 동덕여대 등의 학교들이 면접 비중을 명시적으로 늘리겠다고 밝혔습니다[24].

아이들은 면접에서 자신의 지원동기, 꿈과 비전 등을 논리적이고 설득력 있게 면접관들에게 설명할 수 있어야 합니다. 면접관들이 '이 아이야말로 꼭 필요한 인재로구나'라는 걸 느끼게 해줘야 합니다. 자기 생각을 말하는 게 어색하고 겁이 난다면 평가에서 불리할 수밖에 없지요. 그러한 차원에서 대입 면접은 영재원 면접 그리고 초중고 수행평가·프로젝트 수업의 취지와도 일맥상통합니다. **수업에 주도적**

---

23. 정규교육과정 외 비교과 활동의 대입 반영 폐지.
24. 2024학년도 수시 면접 중요성↑…"고려대 면접 비중 늘어나"/이투데이/2023.06.14.

으로 참여하여 친구들과 토론하고 떨지 않고 자기 생각을 표현해온 아이들은 면접 평가에서 빛을 발할 수 있습니다.

오늘날의 교육은 아이들이 자기 생각을 정립하고 표현하는 방법을 배우는 것으로 변화하고 있습니다. 수학 영재 역시 단지 문제를 기계처럼 잘 풀어내는 아이가 아니라, '어려운 문제에 대해 수학적 해결방법을 찾는 능력(수학적 사고력)'과 '문제를 끝까지 붙들고 늘어지는 마음의 힘'이 있고 '말과 글로서 수학적 사고력을 표현하는 능력(수학적 표현력)'이 있는 아이라는 점을 기억해야 합니다.

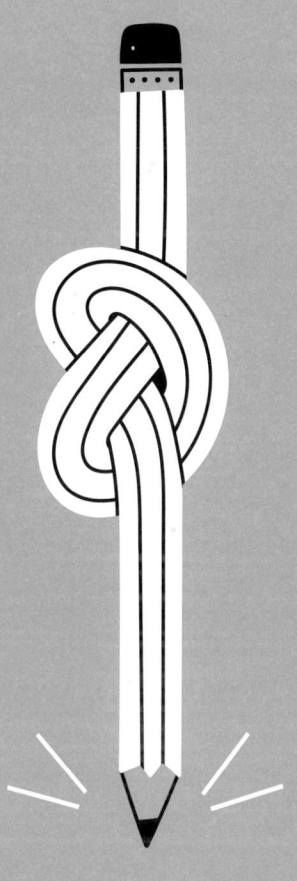

2장
'수학 좋아하는 아이'로 키우기 위한 환경 만들기

 MATH

아이가 스스로
빛날 때까지 기다려주기

누구를 위한 공부일까

'성내경시'라는 시험이 있습니다. 정식 명칭은 '전국 영어수학 학력경시대회'인데 성균관대학교와 동아일보사가 후원하고 글로벌 영재학회가 주관하는 시험입니다. 영어는 초등학교 3학년부터 고등학교 2학년까지 참가할 수 있고, 초등~고등 부문 듣기·독해·통합교과 유형에서 문제가 출제됩니다. 수학은 초등학교 1학년~고등학교 2학년까지 참가할 수 있고, 문제출제범위는 해당 학년 10월 초까지의 범위(이전 학년 모든 범위 포함)입니다. 공부 좀 한다고 하는 아이들이 전국적으로 참가하는 시험이고, 난이도가 높은 것으로 정평이 나 있습니다.

그런데 성대경시에서 불과 서너 개를 틀린 아이를 두고 못마땅해하는 부모를 만난 적이 있습니다. 늦둥이 아들과 함께 저를 찾아온 아버지는 자신이 학교 다닐 때 수학을 굉장히 잘했다며 자랑스러움을 숨기지 않았습니다. 아버지는 아이가 시험을 앞두고 새벽까지 공부했다고 했고, 저는 아이가 풀어놓은 테스트 문제를 보면서 실력이 뛰어나다는 사실을 확인하였습니다. 초등학교 5학년인데 이미 중학교 전체 학년 선행을 마쳤고 고등학교 과정을 배우고 있다고 합니다. 그러나 아이 아버지는 아이의 실력이 만족스럽지 않다고 했습니다.

"수학 실력이 좋다면 당연히 상을 받아야죠. 전 초등학교 때 수학을 늘 100점 맞았어요."

저는 아이 아버지에게 성대경시 수학 문제의 난이도를 설명해드렸습니다. 전국적으로 실시되는 여러 수학 경시대회 중에서 성대경시의 난이도는 단연코 상위 레벨에 속합니다. 그렇게 어려운 시험에서 이 정도의 성적을 받았다면 아이의 실력이 대단하다고 인정할 수 있습니다. 제 설명을 들은 아이 아버지는 그런 시험인 줄 몰랐다며 멋쩍어하다가 이런 얘기를 덧붙였습니다.

"이 녀석한테 형이 있는데, 공부를 무척 잘했어요. 항상 형만큼 성적이 나와야 한다고 얘기했죠."

그제야 아이의 태도를 이해할 수 있었습니다. 제가 테스트 문제를 잘 풀었다는 칭찬을 해주었음에도 아이는 겁먹은 표정이었습니다

다. 명문대에 입학한 형과 늘 비교당하느라 자신감과 성취감을 느끼지 못했던 게 분명했습니다. 80점을 맞으면 90점을, 90점을 맞으면 100점을 맞으라는 얘기를 들었을 테니까요.

아이 아버지에게 이제부터 자녀에게 공부를 더하라고 압박하지 말 것을 당부하였습니다. 앞으로 정말 잘 해낼 아이라고요. 아이에게 학습의 주도권을 넘겨주고 스스로 학습계획과 목표를 세울 수 있도록 맡겨야 한다고요.

제가 이렇게 얘기한 이유는 그 아이가 이미 수학 문제를 풀면서 재미를 느끼고 있었기 때문입니다. 어려운 문제를 만나도 물러서지 않고 끈질기게 붙드는 아이들은 수학의 맛을 경험한 것입니다. 이렇게 잘하는 아이에게 굳이 "점수가 이것밖에 안 나왔네"라고 압박을 줄 필요가 없습니다.

간혹 부정적 언어를 듣고도 더 열심히 하는 아이들이 있긴 합니다. 그러나 대다수의 아이들은 부모가 자신을 믿어주지 않고 자기 실력이 하찮아 보인다면 그 감정을 이겨내기 힘들어합니다. 감정이 좋지 않은데 열심히 공부할 수가 없습니다.

"첫째는 잘하는데, 둘째는 왜 그럴까."

부모가 이런 말을 입버릇처럼 한다면 둘째 아이의 심정은 어떨까요. 세상에서 가장 나를 인정해주고 사랑해줘야 할 사람들로부터 외면받는다는 사실에 정말 슬플 것입니다. 스스로를 긍정적으로 바라

보고 뭐든지 해낼 수 있다고 자신감을 갖기도 힘들 테고요.

이 말은 첫째 아이에게도 좋지 않은 영향을 줄 것입니다. 누군가와 비교당한다는 건 아무리 자신이 비교우위를 점하고 있어도 부담스러운 일입니다. 부모의 마음에 들기 위해 항상 긴장 상태에서 노력해야 하니까요. 그 와중에 부모의 진정 어린 사랑을 느끼는 건 불가능할 겁니다.

같은 부모에게서 태어난 아이들이라 해도 저마다의 성격, 재능에 따라서 성취는 다르게 나타납니다. 분명한 건 어느 아이나 충분히 빛을 발할 수 있는 '자신의 시간'을 만난다는 사실이죠. 부모는 아이를 격려해주면서 기쁜 마음으로 기다려주면 됩니다.

아이는 부모의 인내만큼 성장한다

"아이들 레벨을 정하는 게 조심스러워요."

학원 원장들 사이에서 이런 대화를 나눌 때가 있습니다. 특히 초등학교 학생들을 가르치는 학원들에서 많이 나오는 이야기인데요. 아이의 교재 레벨을 높여 달라는 부모의 요청이 많다는 것입니다.

초등학생들은 기본단계일 경우 『디딤돌 기본+응용』 교재를 많이 푸는 편입니다. 응용 단계일 때 『쎈』을, 심화 단계일 때 『최상위 수학』과 『최상위 수학S』를 많이 풉니다. 그런데 이제 갓 수학 공부를 시작해 기본단계인 아이에게 『쎈』을 풀게 해달라고 요청하는 분들이 있습니다. 우리 아이가 자기 친구와 똑같이 학원에 다니기 시작했는데, 왜 친구는 『쎈』을 풀고 우리 아이는 『디딤돌 기본+응용』을 푸느냐는 것입니다. 그런 이의제기를 하는 분에게 "자녀의 기초가 약한 상황이므로 기본교재로 기초를 튼튼히 하는 게 우선"이라고 말하면 반발을 사게 됩니다. 아이의 수학 레벨을 두고 항의하는 분들 때문에 고민하다가 초등부를 가르치는 걸 포기하는 원장들도 있습니다.

아이들마다 수학 학습능력이 다르므로 일관적으로 같은 내용을 가르치기보다는, 아이에게 맞는 수준별 학습을 하는 게 바람직하다고 생각합니다. 지금 당장 어려운 교재를 풀지 않고 기본교재를 푼다고 하여 아이가 다른 친구들에 비해 뒤처지는 게 절대 아닙니다. 수학의 기본 개념을 이해하기 어려워하는 아이들에게는, 기본교재를 통해 기초를 다지는 시간을 갖는 게 훨씬 낫습니다. 쉬운 문제를 풀면서 개념을 이해하고 문제풀이의 즐거움을 느끼게 되면 자신감이 자라나게 됩니다. 기본 개념을 이해하지 못하는 상태에서 어려운 교재를 강요받으면 두려움과 거부감만 커질 수 있습니다.

학원에서 어떤 레벨의 교재를 풀고 어떤 반에 속해 있는지는, 신분사회의 '계급'이 아닙니다. 현재 아이의 학습능력을 알려주는 지표로서 실력 성장에 따라 수시로 변화하는 가변적인 성질입니다. 그럼에도 이런 것들이 마치 계급이나 훈장처럼 여겨지고, 아이가 높은 레벨이나 상급반이면 자랑스러워하고 낮은 레벨이나 기초반일 땐 속상해하는 분들이 있습니다. 아이에게 왜 어려운 교재를 풀지 못하느냐며 타박하기도 합니다.

수학은 계통학문으로 이론과 그 원리가 서로 유기적으로 연결돼 있어 흐름에 맞게 배워야 하고, 그렇기에 단번에 난이도 상으로 이동할 수 없습니다. 또한 수학을 학습하는 궁극적 목표는 수학적 사고력을 키우는 데 있습니다. 수학적 사고력은 단시간에 만들 수 있는 게 아니고, 타인을 따라 해서 만들 수 있는 것도 아닙니다. 이런 부분을 간과하고 '서울 상위권 대학을 가려면 어려운 문제를 잘 풀어야 한다'면서 무작정 서두른다면 수학 교육의 궁극적인 목표를 놓치는 것입니다.

수학 학습 지도에서의 대원칙은 아이에게 교재를 맞추는 것이지, 교재에 아이를 맞추는 게 아닙니다. 아이의 학습능력에 맞춰서 교재를 선택해야지, 무조건 상위 레벨을 쫓아가라고 아이의 등을 떠밀어서는 안 됩니다.

부모는 누구나 자녀가 훌륭한 실력을 갖춰서 남들이 우러러볼 만한 대학교에 입학하길 바라고, 이를 위해 할 수 있는 노력을 다합니다. 그런데 아무리 의도가 좋아도 아이의 자존감이나 자신감에 상처를 주는 방법은 좋지 않다고 생각합니다. 설혹 아이가 그 말 때문에 공부하게 되더라도, 아이의 마음에 상처가 남고 부모와의 사이도 틀어지게 할 수 있으니까요. 대학 졸업장이 아이의 자존감 그리고 부모와 자녀 사이의 돈독함보다 더 중요할 순 없습니다.

부끄럽지만 저 역시 아이들의 자존감을 꺾을 수 있는 얘기를 한 경험이 있습니다. 다 아이의 행복을 위해서였다고 변명하고 싶지만, 사실은 제 아이가 남들보다 단연코 뛰어났으면 좋겠다는 제 욕심 때문이었습니다. 엄마로서 임무를 훌륭하게 완수했다는 걸 온 천하에 자랑하고 싶었으니까요. 자녀를 교육하면서 이런 욕심에서 자유로워지기가 쉽지 않습니다.

부모가 아이의 학습능력에 조바심을 내는 건 아이가 다른 아이들보다 뒤처질까 걱정하는 마음 때문입니다. 그러나 조급하게 마음을 먹지 않아도 됩니다. 아이들이 성장하는 속도는 다 다릅니다. 부모는 아이가 자기 속도에 맞춰 잘 성장할 수 있도록 응원해주면 됩니다. 아이의 성장은 부모의 인내에 비례합니다. 부모가 참고 기다려준 만큼 성장해낼 것입니다.

갓난 아기에게 처음부터 진수성찬을 차려주지 않듯이, 수학을 처음 공부하는 아이들에게는 쉬운 문제로 호감도를 높이는 게 좋습니다. 아기가 젖병을 빨다가 이유식을 먹고 그다음에 밥을 먹게 되듯이, 수학 학습도 단계별로 진행되어야 합니다. 아이는 학습능력에 맞춘 문제를 풀면서 자신감을 얻을 것이고 레벨이 높아질수록 성취감이 높아질 것입니다. 더 높은 레벨에의 도전정신도 생길 거고요. 이렇게 공부할 때 수학을 즐거워하게 되고 수학으로 뛰노는 아이가 될 수 있는 것입니다.

책읽기가 행복하면
수학도 행복해진다

책읽기가 교육현장에서 사라져 간다

수학을 잘하는 아이들은 문제풀이를 잘할 뿐 아니라 자신의 수학 지식과 생각을 말과 글로 표현할 줄 압니다. 앞에서 수다력이라고 했던, 수학적 표현력을 말하는데요. 수학적 표현력을 갖추려면 어릴 때부터 수학 감각을 키워가면서, 책읽기를 통해 표현력을 키워야 합니다. 어릴 때 수감을 키워가는 방법은 4장에서 다루고, 여기서는 책읽기에 대해 이야기하겠습니다.

책읽기 습관은 사고력과 표현력을 키울 수 있는 가장 좋은 방법입니다. 책을 통해 새로운 세상을 접하고, 읽은 내용을 생각하고, 자기 생각을 부모님과 나누면서 사고력과 표현력이 성장합니다. 능력이 성장하면 책읽기가 더 재밌어지고, 책읽기가 재밌어질수록 몰입하게 되므로 능력이 더 커지게 됩니다. 바람직한 순환 구조가 되지요.

이러한 책읽기의 중요성을 잘 알고 있는 민족이 유대인들입니다. 유대인들은 '하브루타[25]'라고 불리는 전통적 질문 학습법으로 아이들을 가르치는데, 친구와 교제하면서 함께 지식을 탐구하는 것입니다. 책을 읽고 느낀 점을 표현하고 타인의 생각을 경청하며 질문을 주고받으면서 지식을 익혀갑니다. 단순한 지식 학습보다 사고력을 키우고 타인을 존중하며 관계성을 돈독히 하는 데 무게중심을 둡니다. 유대인들이 세계적으로 지능이 뛰어나고 노벨상 수상자를 많이 배출할 수 있었던 건 하브루타 교육 덕분이라고 합니다.

책읽기가 이렇게 중요한데, 안타깝게도 우리나라 교육에서 독서의 중요성은 서서히 약화되어가고 있습니다. 제가 어릴 때만 해도 방학 때 독후감을 쓰는 숙제가 많았고, 학교에서 일주일에 한 번 책을 읽고 독후감을 쓰는 시간이 있었습니다. 이러한 과제는 습관이 되었고, 제게 책은 가장 소중한 친구가 되었습니다. 책읽기를 통해 주제를 읽어내던 습관은 수능 언어영역에서 높은 점수를 받을 수 있었던 비결이었고, 살아가는 데에도 큰 힘이 되었습니다.

---

25. Hhavruta. 친구, 짝이라는 의미의 아람어.

지금은 학기중이나 방학 때 모두 독서록 숙제가 없거나 비중이 낮은 편입니다. 갈수록 낮아지고 있죠. 제 첫째 아이와 셋째 아이는 다섯 살의 나이 차이가 있는데, 첫째보다 셋째에게서 독서록 비중이 크게 낮아졌습니다. 첫째 아이는 초등학교 저학년 때 책에 대한 한줄평을 쓰는 과제를 했습니다. 책 제목을 먼저 쓴 다음 감상평을 간략하게 정리하는 것인데, 일 년에 100권을 읽는다는 어마어마한 목표였습니다. 아이는 책읽기의 기쁨과 선생님께 칭찬을 받을 수 있다는 기대감으로 과제를 완수했습니다. 처음엔 한 줄을 더듬더듬 썼던 아이가 나중에는 열 줄 가까이 되는 내용을 썼습니다. 감사하게도 선생님이 꾸준한 독서 지도를 해주신 덕분에 아이는 생각의 크기를 넓히는 한편 자기 생각을 요약해 표현하는 능력을 키울 수 있었습니다. 그러나 아쉽게도 셋째 때 그런 과제는 실종되었습니다.

제가 무섭게 생각하는 말이 있습니다. '아는 단어만큼 사고하게 된다'는 말인데요. 내가 알고 있는 어휘력만큼 생각할 수 있다는 것입니다. 단어를 모르면 그와 관련된 지식도 알 수 없으니 당연한 표현입니다. 이 세상에 엄연히 존재하는 것들인데 나는 모른다면 어떻게 될까요. 나의 세상은 퍽 좁아지게 되겠지요. 이처럼 중요한 책읽기와 독서록 과제가 학교에서 사라지고 있는데, 아이들이 어떻게 사고력과 표현력을 키울 수 있을까요. 마음이 무겁습니다.

"진도를 나가다 말고 단어 설명을 할 때가 많아졌어."

요즘 학원 원장들이 많이 하는 푸념 중 하나입니다. 수학 문제 지문에 'A집단, B집단'이라는 단어가 있었는데, 한 아이가 손을 들더니 '집단'이란 단어의 뜻을 모르겠다는 것입니다. 다른 아이들도 마찬가지였습니다. 아이들은 지문의 길이가 긴 문장제 문제를 어려워하는 것뿐 아니라 문장 속 단어들을 이해하지 못할 때가 많습니다. 이 같은 어휘력 부족은 학교가 책읽기에 소홀해져서 탄생한 결과입니다.

어휘력 부족 현상은 수학 교육에도 영향을 줍니다. 수학 문제를 풀 때 단어를 모르니 문제풀이에 앞서 단어의 의미를 설명해야 하고, 수학 수업은 어느새 국어 수업으로 바뀌게 됩니다. 광복절이 일요일이라 월요일이 대체공휴일로 지정돼 '사흘 연휴'가 되었다는 뉴스가 보도된 후 포털사이트 검색어 순위 1위에 '사흘'이 오르고[26], 고등학교 수업시간에 선생님이 영화 〈기생충〉의 가제(假題)가 '데칼코마니'였다고 알려주자 아이들은 가제가 랍스터인 줄 알았다는 사례들은, 우리 아이들의 어휘력이 얼마나 무너졌는지를 잘 알려줍니다. 이 모든 게 학교에서 책읽기 교육이 약화되면서 벌어지는 현상입니다.

학교에서 책읽기와 함께 사라지고 있는 게 하나 더 있습니다. 쓰기 교육입니다. 독서록뿐 아니라 아이들이 종이에 뭔가를 쓸 일이 갈

---

26. '4흘'이 아니고 '3일'이 맞는 표현이라고 생각했다고 함.

수록 사라지고 있습니다. 가장 대표적인 게 알림장입니다. 선생님이 매일 학교에서 그날 과제와 내일의 준비사항을 얘기해주면 아이들은 그걸 받아 적었습니다. 자연스레 받아쓰기가 이뤄졌던 거죠. 요즘은 알림앱이 알림장의 자리를 차지했습니다.

수업시간엔 선생님이 자료 화면을 보여주면서 교과 내용을 설명하면 교과서에 밑줄을 긋고 선생님 설명을 간추려 메모하는 아이들도 있지만, 그렇지 않고 바라보기만 하는 아이들도 적잖습니다. 쓰기가 생활화되어 있지 않으니 그럴 수밖에 없습니다.

일기 숙제 역시 과거에 비해 크게 줄어들었습니다. 일기는 문장력과 표현력을 키우는 데 큰 도움이 되어서 성인들 사이에서도 일기를 쓰려고 노력하는 이들이 많습니다. 그러나 정작 교육현장에서 일기 숙제의 비중은 줄어드는 게 현실입니다.

읽기와 쓰기는 언어교육의 기본입니다. 사람은 언어를 통해 생각하고 학습하며 능력을 키워갑니다. 언어는 모든 학문의 기본이고, 사람과 사람이 관계를 맺을 때에도 언어가 없으면 불가능합니다. 언어교육이 약화된 학습환경 속에서 사고력·표현력·문해력 부족이라는 결과가 나타난 것입니다.

국제학업성취도평가(PISA)에서 한국 학생들의 실력이 낮아지는 이유

피사(PISA ; Programe for International Student Addessment)는 만 15세 이상 학생을 대상으로 2000년부터 3년 주기로 시행되는 국제학업성취도평가로, OECD가 주관합니다. 수학·과학·읽기 영역을 핵심으로 하고, 주기마다 혁신적 영역을 추가하는데요. 2018년에는 디지털 리터러시 영역이 추가됐습니다. 리터러시(Literacy)란 문자화된 기록물을 통해 지식과 정보를 획득하고 이해할 수 있는 능력으로, 단지 언어를 읽고 쓰는 능력뿐 아니라 습득한 지식을 이해·적용·재조합하는 능력을 포함합니다. 문해력보다 좀 더 포괄적 개념이라 할 수 있습니다. 디지털 리터러시는 인터넷과 디지털미디어에 대한 것입니다. 인터넷과 SNS 등 디지털 환경 속에서 정보를 획득하고 이해하며 평가, 활용하는 능력을 말합니다.

그런데 우리나라 학생들의 국제학업성취도평가 읽기 순위는 2006년, 2009년, 2012년에 1~2위였다가 2015년부터 내려가기 시작했습니다. 2015년 3~8위, 2018년에는 2~7위였습니다. 전문가들은 읽기 영역에 디지털 리터러시 영역이 추가된 영향이 있을 것으로 보고 있는데요. 2022년 한국교육과정평가원이 피사 결과를 분석한 보고서 「OECD 국제학업성취도 평가 연구:PISA 2018 상위국 성취 특성 및 교육맥락변인과의 관계 분석」에 따르면, 우리 아이들은 특히 복합적 성격을 띤 텍스트의 독해능력이 떨어진다고 합니다. 이를테면 그래프, 일정표 등이 혼합된 텍스트를 읽는 걸 어려워하고, 여러 저자가 쓴 '다중' 출처의 텍스트가 나오면 정답률이 떨어졌습니다. 그래서 보고서에는 "디지털 리터러시의 향상과 관련되는 성취 기준을 보완하고 의사소통 환경 변화를 반영할 필요가 있다"는 의견이 정리돼 있습니다[27].

보고서는 디지털 리터러시 역량 강화에 무게를 두었지만, 저는 리터러시 자체에 집중해야 한다고 생각합니다. AI 시대에 디지털 소양을 갖는 건 중요하지만, 그에 앞서 읽기와 쓰기를 기반으로 하여 사고력과 표현력을 키우는 교육이 강화되어야 하는 거죠.

『읽는 인간 리터러시를 경험하라』(쌤앤파커스)를 쓴 조병영 교수는 리터러시가 "인간에게 가장 중요한 상징기호인 문자를 깨치는 것부터 시작해 비판적으로 사회적 의사결정 과정에 참여하는 것까지 포괄"한다고 정의하면서, 단지 책 몇 권 읽고 문제집을 몇 권 풀어서 리터러시를 달성할 수 있는 게 아니라 굉장히 긴 시간과 다양한 경험과 노력이 필요하다고 했습니다[28]. 그의 말을 통해 얼마나 오랜 시간 동안 우리가 아이들의 읽기와 쓰기 교육을 소홀히 해왔는지 새삼 반성

---

27. 우리나라 학생들 문해력도 양극화?/한겨레21/2023.03.21.
28. '사흘=4일?' 문해력 열풍에서 우리가 읽어야 할 것/시사인/2022.01.21.

하게 되었습니다.

아이들은 학교 수업에서 자료를 조사하고 토론을 합니다. 수시로 인터넷을 통해 글을 읽습니다. 그럼에도 국제학업성취도평가 읽기 영역의 결과가 좋지 못한 것은, 어릴 때부터 읽기와 쓰기 실력을 탄탄하게 키워나가지 못했고, 학교에서 읽기와 쓰기 교육이 약화되었기 때문입니다. 아이들은 자기 생각을 표현하는 것도, 타인의 글을 이해하는 것도 어려워하게 되었습니다. 인터넷을 통해 하루에도 숱한 글과 영상을 접하지만, 그것들이 어떤 관점에서 만들어졌고 자신은 어떻게 받아들여야 하는지를 고민하고, 분석할 줄 모릅니다. 자기 관점이 없이 그저 맹목적으로 흡수합니다.

아이들이 사고력과 표현력을 키우려면 지금이라도 책읽기에 힘써야 합니다. 책을 읽고 자기 생각을 글로 표현하는 훈련을 해야 합니다. 책읽기에 있어서 패드보다는 종이책을 선택할 것을 권합니다.

책읽기에서 '디지털 기기가 좋은가, 종이책이 좋은가' 하는 문제를 조사한 곳이 있습니다. 2022년 OECD가 발간하는 교육 월간지 『피사 인 포커스』는 「디지털 세상은 종이책에 대한 접근성을 양극화시키는가?」라는 주제의 연구를 발표했는데요. 이 연구 조사에서 '종이책을 디지털책보다 더 자주 읽는다'고 답한 학생들은 '책을 전혀 또는 거의 읽지 않는다'고 답한 학생들에 비해 2018년 국제학업성취도평가 독해 시험에서 70점을 더 받았습니다[29]. 연구자들은 보고서에서, 급속도로 디지털화되는 세상이지만 모든 학생이 동일하게 종이책에 접근할 수 있어야 한다는 의견을 밝혔습니다[30]. 디지털책 읽기는 능동적으로 사고하기보다 글을 훑어보는 방식으로 진행되기 쉽지만, 종이책 읽기는 자기 생각을 능동적으로 기록하게 한다는 점에서 더 낫다고 봅니다.

사고력과 표현력 키워주는 책읽기 노하우

책읽기를 통해 사고력과 표현력을 키우는 게 얼마나 중요한지에 대해 살펴보았습니다. 그렇다면 어떻게 책을 읽으면 좋을지 알아보겠습니다.

책을 읽고 자기 생각을 표현하는 방법을 배우기 위해 꼭 독서논술학원에 보내야 하는 건 아닙니다. 어릴 때부터 하루 5~10분이라도 부모가 아이와 함께 책을 읽으면서 대화를 나누는 걸로 충분합니다. 집에서 지도하기가 어렵다면 학원의 도움을 받는 걸 선택하고, 집에

---

29. '종이책과 디지털책을 동일하게 자주 읽는다'는 학생은 50점, '디지털책을 더 자주 읽는다'고 답한 학생은 15점을 더 받았음.
30. 종이책 자주 읽는 학생이 학업성취도 높다/한국경제/2022.07.24.

서 할 수 있다면 그렇게 하면 됩니다.

책의 종류는 뭐든지 괜찮습니다. 그림동화로 시작해도 되고 창작동화, 명작동화, 전래동화 등 어떤 책도 좋습니다. 수학적 표현력을 키우겠다고 반드시 수학동화를 찾아보지 않아도 됩니다. 아이가 좋아하고 읽기능력에 맞는 책을 선택하고, 매월 한두 번은 서점에 함께 가서 아이가 좋아하는 책을 직접 고르도록 합니다. 다만, 학습만화를 즐겨 읽는 것은 올바른 책읽기 습관을 만드는 데 도움이 되지 않으므로 줄글로 된 책을 읽도록 권합니다. 학습만화를 꼭 보고 싶어 한다면 제한적으로 허용하는 게 좋겠습니다. 일반책을 두세 권 읽으면 학습만화를 한 권 읽는 식으로요.

책 종류를 정할 때 처음엔 동화책으로 시작해도 되는데, 익숙해지면 아이의 흥미와 연령대에 맞는 지식정보책(비문학도서)을 병행하길 권합니다. 지식정보책 읽기는 다양한 어휘를 습득하는 데 도움이 됩니다. 서점에 가보면 어린이 교양으로 분류되는 자기계발, 역사/문화/인물, 철학/사고/심리, 경제/상식/교양 등의 책들이 있습니다.

한 달에 몇 권 읽느냐는 별로 중요하지 않습니다. 한 달에 한 권을 읽더라도 내용을 충분히 이해하고 기억하면서 자기 생각을 정리해 보는 게 중요합니다. 따라서 부모는 은연중에 아이가 많은 양의 책을 읽도록 유도하지 말아야 합니다. 많은 책을 수박 겉핥듯이 읽는 것보다 한 권을 깊이 있게, 반복해서 읽는 것이 사고력 향상에 도움이 됩니다.

책을 읽는 시간은 일정하게 정하도록 합니다. 매일 저녁 8:00~9:00 혹은 월·수·금 저녁 9:00~10:00처럼 규칙적으로 일과에 포함시켜야 잘 지킬 수 있습니다. 아이마다 읽기 속도와 집중력에 차이가 있으므로 이를 고려하여 1회당 평균 책읽기 시간을 정합니다. 미취학 시기 땐 집중력이 짧으므로 책읽기 시간을 5~10분 정도로 하고, 초등 중학년부터는 긴 글을 읽을 수 있어야 하므로 적어도 1시간 이상 집중해서 읽도록 합니다. 어릴 때부터 차근차근 책읽기 습관을 쌓은 아이들은 자연스럽게 책읽기 시간을 늘려나갈 수 있습니다.

아이의 연령대가 어리다면 소리 내서 읽기가 좋습니다. 부모가 목소리를 바꿔가면서 재미있게 읽어줘도 좋고, 스스로 읽겠다면 소리 내서 읽도록 지도합니다. 소리 내서 읽으면 책 내용을 더 잘 이해하고 기억할 수 있습니다. 고학년이 되어도 소리 내서 읽기가 좋지만, 아이가 원하지 않는다면 그렇게 하지 않아도 되는데요. 눈으로 대충 훑어보고 넘기지 않고 내용을 생각하면서 차근차근 읽을 수 있도록 지도합니다.

책읽기 습관을 정착시키는 데 있어 가장 중요한 건 부모가 모범을 보이는 것입니다. TV와 디지털 기기를 끄고 책읽는 모습을 보여주는 것입니다. 열 마디 잔소리보다 한 번의 모범이 더 효과를 발휘할 수 있습니다. 가족이 함께하면 아이가 책읽기에 더욱 관심을 갖게 될 것입니다. 저도 어릴 때부터 책읽기를 즐겼는데요. 부모님이 새로운 전집을 사주시는 날은 너무나 행복했습니다. 어머니는 제가 잠들기 전에 책을 읽어주셨습니다. 어머니의 책읽기는 제가 읽기 독립을 할 때까지 계속됐습니다.

부모는 아이와 함께 책을 읽으면서 혹은 읽고 난 후에 아이와 생각을 주고받도록 합니다. 이때 적절한 질문은 아이의 사고력과 표현력을 키우는 데 큰 도움이 됩니다. 이를테면 『이솝우화』의 「여우와 포도」를 읽고 "왜 여우는 먹지도 못한 포도를 보면서 맛이 없을 거라고 했을까"라고 질문하고, 「개미와 베짱이」를 읽고 "개미는 베짱이를 보고 어떤 생각을 했을까"라고 질문하고, 『효녀 심청』을 읽고 "너라면 어떤 선택을 했을까"라는 질문을 던지는 것이죠. 책 속 등장인물이나 사건, 배경 등과 관련된 질문은 아이의 상상을 자극하고 생각의 크기를 키워줄 것입니다.

책읽기만큼이나 중요한 것이 독후활동입니다. 노트 하나를 마련하여 서로의 생각을 나누면서 그것을 기록하도록 합니다. 책을 읽으면서 자신이 느꼈던 것, 궁금했던 것, 인상적이거나 기억에 남는 책 내용 등을 적어보는 것입니다. 머릿속으로 생각만 하는 것보다 종이에 기록하면 책 내용을 잘 기억할 수 있는 건 물론이고, 생각을 글로 표현하는 능력을 키울 수 있습니다.

 수학 개념 이해를 도와주는 책, 어떤 게 있을까?

앞서 설명했듯이 사고력과 표현력을 키우기 위한 책읽기를 반드시 수학 관련 도서로 해야 하는 건 아닙니다. 그러나 어려운 수학 개념을 쉽게 풀어쓴 책을 읽는다면 수학 학습에 도움이 될 것입니다. 제가 읽어본 책들 중에서 아이들과 부모들에게 도움이 될 만한 책을 추천하고자 합니다. 주관적인 견해라는 걸 감안하고 봐주시면 좋겠습니다.

『선생님도 놀란 수학 뒤집기』(성우주니어) 시리즈는 초등 교과 과정에서 다루는 다양한 주제들을 쉽게 설명한 책입니다. 역사 속 일화나 현실 사례가 함께 소개돼 있어 읽는 재미가 있습니다. 전국 수학교사모임 추천도서이기도 합니다.

초중고 모두 볼만한 책으로 『재밌어서 밤새 읽는 수학 이야기』(더숲출판사) 시리스가 있습니다. 일본 번역서인데, 일상생활에 적용할 수 있는 수학 개념을 설명하였기에 아이들이 흥미롭게 읽을 수 있을 것입니다.

『이렇게 생긴 수학』(봄나무) 시리즈도 괜찮습니다. 일선에서 활약하는 초등학교 선생님들이 집필하였고 초등학교 수학 필수 개념 100가지로 목차를 구성하였습니다.

수학 개념의 깊이를 느끼고 싶은 중고등 학생이라면 『수학귀신』(비룡소)을 추천합니다. 분량이 만만찮지만 수학 개념을 일깨워주는 책으로 전 세계적으로 인기를 끌었던 만큼, 읽어볼 것을 권합니다.

긴 글 읽기가 수월찮다면 『읽으면 수학천재가 되는 만화책』(올드스테어즈)을 읽어도 좋겠습니다. 물론 만화보다는 일반책이 책읽기 훈련에 적합하므로, 학습만화만 탐독하지 않는다는 전제하에서 읽도록 합니다.

조금 난이도가 있는 책을 원한다면 『수학이 필요한 순간』(김민형 지음/인플루엔셜), 『미적분의 쓸모』(한화택 지음/더퀘스트)를 추천합니다. 이 두 권은 아이보다는 수학의 유용성을 이해하고픈 부모들이 읽으면 좋을 책입니다.

사교육 시장의 변화, 본질을 간파할 것

종이책 대신 패드로 공부하는 세상

저는 그동안 교육 영역은 다른 영역에 비해 꽤 보수적이라고 생각해 왔습니다. 사람을 키워내고 가르치는 원칙은 시대가 달라져도 동일하니까요. 요즘 교육 영역에 불어닥치는 변화의 바람을 보면, 절대 달라지면 안 되는 원칙이 흔들리는 건 아닌가 싶어 걱정스럽습니다. 왜 이런 걱정을 하게 됐는지, 제가 겪었던 일을 바탕으로 이야기하고자 합니다.

저는 책읽기를 매우 중요하다고 생각해 첫째 아이가 어릴 때부터 책을 많이 읽어주었고, 책을 사는 데 꽤 많은 돈을 썼습니다. 어머니들 사이에서 인기가 있는 전집, 제가 살펴보고 좋다는 생각이 드는 책들을 모조리 구입했습니다. 말 그대로 아낌없이 투자했죠.

출산휴가 외에는 늘 수업이 가득했기에 첫째에게 책을 읽어줄 시간이 부족해졌고, 고민하다가 교육회사들의 책읽기 프로그램을 알아보았습니다. 전집을 구입하면 선생님이 오셔서 아이에게 책을 읽어주고 다양한 독후활동을 한다는 것이었습니다. 책읽기의 압박을 느끼던 제게, 그 상품은 구세주 같았습니다. 가격 부담이 있어도 아이가 셋이니까 길게 보면 이득이라고 생각했고요. 첫째 아이는 매주 한 번 오는 선생님을 만나 책읽기를 했고, 그 덕분인지 지금도 책읽기를 좋아하며 토론을 즐기는 아이로 성장했습니다.

그런데 둘째와 셋째 때는 그렇게 하지 못했습니다. 일하느라 바빴던 저는 첫째 때처럼 책읽기 선생님에게 아이들을 부탁하고 싶었지만, 그 상품이 없어졌습니다. 대신에 교육회사는 스마트 패드를 통해 아이들에게 책을 읽어주는 상품을 권했고, 패드 안에 엄청난 양의 책을 저장해 두어서 별도로 종이책을 보내주지 않는다고 했습니다.

제가 처음 책읽기 프로그램을 구입했던 회사뿐 아니라 다른 교육회사들도 선생님을 가정에 파견해 책을 읽어주고 독후활동을 하는 상품을 판매하지 않는 추세입니다. 대신 스마트 패드를 활용한 책읽기 상품을 판매합니다. 왜 이렇게 바뀌었는지 이유를 알 수 없지만, 아쉬움을 금할 수 없었습니다. 제가 원했던 건 선생님이 아이와 눈을 맞추며 책을 읽어주는 것이고, 함께 독후활동을 하면서 생각을 나누는 교육이었습니다. 단지 책 내용을 머릿속에 저장하는 활동이 아니었습니다.

　진정한 교육은 아이의 과거와 현재, 미래에 애정과 기대감을 가지고 들여다봄으로써 시작되지 않을까요. 단지 아이들의 머릿속에 지식과 정보를 집어넣는 게 교육은 아닌 거죠. 지식과 정보를 가르쳐주고, 사고력·창의력·표현력 등 자기 능력을 개발시켜주며, 아울러 사람과 사람과의 관계를 만드는 방법을 알려주는 게 교육입니다. 그래서 교육에서 '사람'을 떼어내면 안 된다고 믿습니다.

　아이의 능력과 마음을 올바로 성장시키려면 가르치는 사람의 역할이 매우 중요합니다. 아이의 눈빛이 어떨 때 반짝이는지, 시선이 어디로 향해 있는지, 어떤 건 어렵거나 불편해하는지, 궁금한 건 무엇인지, 살펴줄 수 있어야 합니다. 이렇게 정성을 다할 때 아이에게서 빛나는 능력과 건강한 마음이 자라게 되는 것입니다.

　이토록 사람, 즉 선생님이 중요한데 그 역할이 갈수록 축소되고 있습니다. 디지털 기기를 교육에 도입하는 건 책읽기 영역만이 아니고, 공교육과 사교육 영역 모두 마찬가지입니다. 공교육에서는 교과서를 디지털교과서로 바꾼다는 발표가 있었습니다. 사교육 시장에서는 아이들에게 스마트 패드를 주고 개념 영상, 문제풀이 영상, 오답 영상 등을 보여주면서 학습을 진행하는 학원들이 늘어가고 있습니다.

스마트 패드 사용에 거부감이 없는 건 부모들도 마찬가지입니다. 아이가 공부를 재미없어하는데 패드로 하게 되면 더 집중할지 모른다는 기대감과, AI 시대니까 디지털 기기를 다룰 줄 알아야 한다는 생각 때문일 것입니다.

패드를 들이밀면 당장 아이의 시선을 끄는 데에는 성공할지 몰라도 두뇌 발달에는 악영향을 줄 수 있습니다. 이는 각종 연구 결과로 증명되고 있습니다. 뇌가 디지털 기기에 과도하게 자극받으면 집중력과 문해력이 낮아지고, 두뇌 발달이 왕성하게 이뤄지는 영유아와 초등 시기에 더 심각한 영향을 준다는 것입니다[31]. 학습을 위해 쥐여 준 스마트 패드가 아이의 두뇌 발달을 해친다면 무슨 소용이 있을까요. 앞서 언급했듯이 디지털 기기보다 종이책 사용이 학습능력 향상에 더 효과적이라는 점도 고려해야 합니다.

스마트 패드 사용 습관은 수학 실력을 쌓는 데 방해가 될 수 있습니다. 아이들은 초등 때부터 문제풀이를 기록하는 습관을 바탕으로 논·서술형 문제풀이 능력을 키워야 하는데, 이런 습관 형성에는 종이가 제격입니다. 스마트 패드는 종이에 비해 긴 내용을 적는 데 한계가 있습니다. 깊이 있게 사고하고 그 과정을 기록하고 되짚어보면

---

31. TV만 보는 우리 아이 "두뇌 발달엔 최악?"/EBS뉴스/2021.12.01.

서 수정하여 완성하는 데 있어서 스마트 패드가 종이만큼 뛰어나다고 절대 말할 수 없을 것입니다.

패드에 익숙해지면 종이를 사용하는 걸 불편하게 여기게 되고, 논·서술형 풀이 훈련을 하는 데 방해가 됩니다. 아이들이 패드를 이용해 수학 문제를 푼다면 종이로 바꾸도록 해야 합니다.

물론 스마트 패드가 아무 쓸모가 없다는 건 아닙니다. 패드로 책읽기나 공부를 하면 효과가 없다는 말은 더더욱 아닙니다. 책읽기와 공부 습관이 이미 잡혀 있고 그것들의 즐거움을 깨친 아이들에게는 패드 사용을 허용해도 괜찮습니다. 그러나 난생처음 책읽기, 공부 습관을 만들어가야 하는 어린 아이들에게 스마트 패드를 일찍부터 사용하게 한다면, 교육의 본질을 잃어버릴 우려가 있습니다.

논·서술형 학습뿐 아니라, 글을 쓰고 첨삭하면서 완성도를 높여가는 학습에서도 스마트 패드 사용은 잘 어울리지 않습니다.

기술의 발전은 매우 중요하고, 그 발전의 열매를 도입하는 것은 좋습니다. 그러나 세상이 바뀌었어도 보수적으로 접근해야 할 부분이 분명 있습니다. 교육의 본질 말입니다. 사람을 키워내고 가르치는 것은 사람이 해야 하는 일입니다. 디지털 기기는 아이에게 지식과 정보를 전해줄 순 있지만 아이의 학습능력과 마음 상태를 온전히 읽을 수 없습니다. 학습과정을 마치고 몇 개의 문제풀이 결과를 입력해준다고 하여 가능한 게 아닙니다.

    우리는 교육에서 사람의 역할이 축소되었을 때 어떤 결과가 야기될 수 있는지 코로나 사태로 경험할 수 있었습니다. 당시 비대면 교육을 제대로 준비할 수 있었던 상황이 아니어서 문제가 많았지만, 준비 유무를 떠나 비대면은 대면에 비해 한계가 있습니다. 교육을 해본 사람은 누구나 알 것입니다.

    부모들은 공교육과 사교육에서 이 같은 변화가 있다는 걸 인지하고, 우리 아이들이 종이책을 한 장 한 장 넘기면서 읽고, 풀이과정을 직접 손으로 쓰고, 중요한 내용을 스스로 적는 방식으로 학습할 수 있도록 지도해야 합니다.

선행을 강조하는 학원들이 많은 이유

    아이의 수학 성적에 걱정이 많은 부모들은 선행을 하는 것을 중요시합니다. 그래서 학원을 선택할 때도 선행을 얼마나 시키는지에 관심이 많습니다. 이런 점 때문에 학원에서 학부모 상담을 할 때 선행을 강조합니다.

    "저희 학원 아이들은 3년 선행을 하고 있습니다."

    이런 말을 들으면 부모는 적이 마음을 놓습니다. 부모가 선행에 관심을 갖는 건 그걸 통해 수학의 어려움을 조금이나마 줄일 수 있을 거라고 기대하기 때문입니다. 그렇다면 학원은 왜 선행에 관심이 많을까요. 선행이 학원의 실력을 자랑할 수 있는 가장 손쉬운 방법이기 때문입니다. "우리 학원 초등학생들은 고등학교 1학년 과정을 풀고 있어요" "초등학교 5학년인데 수능 기출문제를 풀고 있어요"와 같은 이야기들은 부모들에게 참으로 매력적으로 들립니다. "우리 학원 출신이 어떤 대학에 진학했다"와 쌍벽을 이루는 성과물이죠. 물론 그 학원 아이들이 선행을 하는 족족 내용을 모두 이해한다면 정말 대단한 것입니다.

진도를 나가는 것과 실제 우리 아이가 그 진도를 소화해내느냐는 다른 문제입니다. 학원에서 아무리 엄청나게 선행을 나가도 내 아이가 그 진도를 따라가지 못한다면 아무 소용이 없는 거죠. 선행을 잘 따라가려면 응당 아이의 수학 실력이 탄탄해야 합니다. 과거 배웠던 걸 잘 기억하고, 현행 학습도 잘 되어 있어야 합니다. 수학 실력의 단단함은 심화 문제를 얼마나 잘 풀어내는지를 보면 확인할 수 있습니다. 기본유형은 그럭저럭 풀어도 심화에서 막힌다면 기초실력이 약한 것입니다. 따라서 심화 문제를 풀지 못하면 선행보다는 현행 실력을 다지는 데 시간을 더 투여하는 게 좋고, 그런 방식으로 아이를 가르쳐줄 곳을 찾아야 합니다.

"처음엔 재밌어하더니 지금은 수업을 따라가지 못하고 힘들어해요."

스토리텔링을 도입해 수학을 가르치는 학원에 다니는 아이를 만난 적이 있습니다. 어머니는 아이가 학원 입학 테스트에 합격했고 처음엔 수업을 퍽 흥미로워했는데 월반을 한 다음부터 상황이 달라졌다고 했습니다. 상급반에 들어간 아이는 적응하기 힘들다면서 학원에 가지 않겠다고 떼를 썼습니다.

수업 내용을 들어보니, 분수에 대한 동화책을 읽고 책 내용을 참고해 수학 문제를 스스로 만들어보는 것이었습니다. 초등학교 3학년 형님들은 열심히 문제를 만드는데, 이 아이는 초등학교 1학년인데 분수를 아직 배우지 않아 어려웠던 것이었습니다. 배운 개념을 응용하여 스스로 문제를 만들어보는 수업 방식은 좋았지만, 아이의 학습 능력에 맞지 않은 선행이었다는 게 아쉬웠습니다. 좋은 평가를 받는 수업이라 해도 내 아이에게 잘 맞는지 살펴볼 필요가 있습니다.

과도한 선행은 아이가 수학을 좋아할 수 없게 만듭니다. 아이가 현행에서 심화 문제를 제대로 풀 수 있을 때 선행을 해야 합니다. 기초부터 한 단계씩 밟아서 올라가야지, 단박에 날아가라는 주문을 해서는 안 됩니다. 날아갈 수 있을 때가 되면, 다리를 붙들어도 훨훨 날아갈 것입니다.

삼중고에 시달리고 있는 어머니들에게 드리는 말씀

우리나라 어머니들처럼 아이의 교육에 열의와 성의를 다하는 분들은 없을 것입니다. 어머니들은 아이를 잘 키우는 걸 지상 최대의 과제라고 생각합니다. 세간에서는 "엄마들의 잘못된 열정이 대한민국 교육을 망친다"며 책임을 돌리기도 합니다. 저 또한 엄마로서 이런 이야기를 들으면 퍽 억울한데요. 그래서 잠시 어머니들을 위한 말씀을 드리겠습니다.

대체적으로 어머니들이 아버지들에 비해 자녀 교육에 예민한 편인 건 맞습니다. 근데 그건 오랫동안 내려오는 통념에 영향을 받았기 때문이라고 생각합니다. 우리나라는 통상적으로 어머니에게 집안을 돌보고 자녀를 가르치는 책임이 있다고 여깁니다. 세상이 바뀌어 남녀평등시대가 되고 맞벌이 부부가 증가하면서 가사 일을 함께하는 추세가 되었다고 해도, 여전히 집안일+자녀교육의 무게추는 어머니에게 있습니다. 사회적 분위기가 어머니들로 하여금 자녀교육에 사명감을 느끼게 하는 것입니다.

그렇다면 어머니들은 공교육을 어떻게 볼까요. 공교육이 아이들의 교육을 책임져 주겠다고 다짐하지만, 막상 부딪쳐 본 어머니들은 그렇지 않다는 걸 깨닫게 됩니다. 초등 1학년 한글교육부터 학교에서 해결해주지 않았습니다. 이런 경험을 했는데 공교육을 신뢰하기란 쉽지 않지요.

학년이 올라갈수록 공교육에 대한 불안감은 더 깊어집니다. 아이들이 배워야 하는 학습량은 많아지고 시험 난이도가 만만찮은데 미래인재가 되기 위한 디지털 교육까지 등장했습니다. 그러나 학교는 늘 예정된 진도를 나갑니다. 아이 개개인이 학습적으로 어려움을 겪어도 도움을 받기가 힘듭니다. 이해하기 어려운 문제가 나와도 질문하기가 어렵습니다. 진도 나가는 데 방해가 될 수 있으니까요.

교육과정이 몇 차례 개정될 때마다 수준별 학습, 맞춤 학습이란 단어가 등장하지만 막상 현장에서는 실행되지 못합니다. 이건 선생님들에게 문제가 있어서가 아닙니다. 아이마다 차이가 나는 학습능력을 고려하여 커리큘럼을 짜고 운영하는 건 그리 간단하지 않습니다. 어떻게 시스템을 만들 것인지 진지한 연구와 논의가 선행되어야 하고, 계획이 수립되면 그에 맞는 지원책이 뒤따라야 합니다. 근본적인 구조를 바꾸지 않고 듣기 좋은 말들로 가득한 정책들을 학교로 밀어넣고 여전히 선생님 한 사람이 여러 가지 행정업무와 수업 진행을 병행하는 한, 개개인의 학습능력에 맞춘 수업을 진행하는 건 불가능합니다. 어머니들이 불안한 마음을 안고 사교육 시장을 알아보는 건 이 때문입니다.

어머니들은 세간의 통념에의 부담감, 자녀교육에의 책임감, 공교육에의 불안감이란 삼중고(三重苦)를 안고 있습니다. 여기에 엄마표 교육으로 성공한 사례들이 소개되면서 '나는 왜 저런 엄마가 될 수 없나' 하는 자괴감이 더해집니다. 워킹맘이라면 방과 후 시간에 아이를 직접 돌볼 수 없어서 미안해하기도 합니다. 이래저래 참 괴롭습니다.

어머니들은 이런 마음의 짐을 안고 주변 어머니들에게 '성적 올리는 방법'을 물어보고, 학원을 찾아다니는 것입니다. 아이들 다음으로 힘든 게 어머니들이죠. 대입에 성공하면 그간의 마음고생이 생각나 아이 못지않게 눈물을 흘립니다. 이런 어머니들에게 교육을 망친다, 사교육 열풍에 책임이 있다며 책임을 전가하는 걸 보면 좀 억울하다는 생각이 듭니다. 공교육이 강화된다면 누구보다 편해질 게 어머니들입니다.

그런 차원에서 어머니들에게 드리고 싶은 말씀이 있습니다. 저 또한 세 아이의 엄마로서 누군가 제 어려움을 알아주었으면 하는 바람이 있습니다. 저와 똑같은 입장의 어머니들에게 드리고픈 말씀은, 마음을 편하게 갖자는 것입니다. 아이의 미래는 아이가 마땅히 주도권을 갖고 이끌어 나가야 합니다. 인생 목표, 매일의 계획 모두 아이가 주도적으로 잡고 실천할 수 있도록 지켜봐주세요. 부모는 아이가 성취감을 느끼든, 좌절감을 느끼든 지켜볼 수밖에 없습니다. 지켜보는 입장이기에 뭔가 계획대로 되지 않는 것 같으면 더 불안하지만, 아이가 견뎌낼 수 있도록 해야 합니다.

우리 아이들은 부모의 염려보다 훨씬 더 강합니다. 설혹 부족하거나 실수가 있더라도 스스로 감당하고 이겨낼 수 있습니다. 지난한 과정을 건강하게 통과한 아이들은 앞으로 뭐든지 잘 해낼 것입니다. 소위 명문대, 일류대를 들어가지 않더라도 말이죠.

저는 부모의 역할을 아이의 옆에서 '뜨거운 응원'과 '능력 범위 내에서의 지원'을 하는 거라고 생각합니다. 아이를 직접 가르치지 못한다고, 대치동 유명 학원에 보내지 못한다고, 비싼 고액 과외를 시켜주지 못한다고 자책하거나 걱정하지 않았으면 합니다. 그런 것들이 없다고 해서 우리 아이의 빛나는 미래가 달라지는 건 아니니까요. 부모로서 자리를 지키고 아이를 믿어주는 것만으로 충분한 역할을 하는 것입니다.

앞서 언급했듯이 아이는 누구나 스스로를 빛낼 수 있는 재능을 가지고 태어나고, 마음껏 빛을 발휘할 시간을 만날 것입니다. 그때까지 아이를 굳게 믿으면서 지켜보면 됩니다.

'좋은 선생님'을
찾기 위한 노력이 필요하다

부모의 불안이 아이의 학습에 미치는 영향

수학 학원 원장들이 당황하게 되는 순간이 있습니다. 학원을 다닌 지 얼마 안 되는 아이들이 학원을 옮긴다고 할 때입니다.

초등학교 3학년 아이를 대형 학원에 보낸 어머니를 만났습니다. 초등학교 3학년부터 레벨 테스트를 진행하는 학원이었는데, 어머니는 들어간 지 2개월 된 아이의 테스트 점수가 낮게 나오자 학원을 옮기기로 결정했습니다. 그리고는 제게 아이를 데려와서 그 학원이 아이를 잘 가르치지 못하는 것 같다고 했고, 저는 아이가 좀 더 적응하는 시간을 갖게 하는 게 어떻겠느냐고 권했습니다. 아이가 해당 학원을 다닌 시간이 얼마 되지 않았고, 학원이 잘 못 가르친다고 볼 만한 근거가 없었기 때문입니다.

    상담을 진행하다 보면 이런 경우를 흔하게 만납니다. 부모들은 아이의 학원 레벨 테스트 점수가 낮아서, 중간 혹은 기말고사, 모의평가 성적이 낮아서 학원을 옮겨야겠다고 합니다. 성적 외에 다른 문제점이 있는지를 질문하면 잘 모르겠다는 반응이 돌아옵니다.

    부모는 아이가 다니는 학원에서 어떤 일이 벌어지는지, 아이가 어떻게 공부하는지 잘 모릅니다. 과외도 마찬가지입니다. 방 안에서 어떻게 수업이 이뤄지는지 알지 못하지요. 그렇기에 성적을 평가 기준으로 삼습니다. 성적이 잘 나오면 선생님이 잘 가르쳐주는 것이고, 성적이 떨어지면 잘 못 가르치는 것입니다. 선생님이 어떻게 가르치는지, 아이의 학습능력이 어떠한지 등의 정보가 없다 보니 불안해져서 그런 것입니다. 직접 지도하지 못하고 타인의 손에 맡겼기에 불안할 수밖에 없는 것입니다.

    학원 혹은 과외를 자꾸 바꾸면 어떻게 될까요. 그때마다 아이는 테스트를 받을 겁니다. 새롭게 아이를 맡게 된 선생님은 아이의 실력에 맞는 커리큘럼을 구상하고 교재를 찾느라 시간을 쓸 것입니다. 아이는 새로운 환경에 적응하는 데 신경을 써야 할 테고요. 이런 절차가 몇 개월에 한 번씩 반복되면 결국 아이의 시간과 에너지가 낭비되겠지요. 본격적으로 달려보지 못하고 제자리걸음을 반복하는 형국입니다.

그래서 학원 혹은 과외를 결정할 때 신중해야 합니다. 부모가 보내고픈 학원·과외가 생겼다면 주변에 아이를 보내는 부모들에게 문의하여 소감을 들어보길 권합니다. 직접 수업을 받아본 친구들에게 아이가 물어보는 것도 좋겠습니다. 문제풀이와 오답 관리 방법, 수업 방식 등을 알아보고 선생님이 아이의 학습 상황을 섬세하게 살펴주는 학원으로 보내는 게 좋습니다. 과외도 마찬가지로 그런 선생님에게 맡겨야 하고요.

부모는 아이가 학원·과외를 시작하고 성적이 단박에 뛰어오르기 바랍니다. 그런 결과가 있을 수도 있고, 없을 수도 있습니다. 아이의 실력이 어떤지, 선생님이 어떻게 가르치는지, 학교의 시험 난이도가 어땠는지 등등 여러 요인이 종합적으로 작동하기 때문에 어느 한 가지 요인이 바뀌었다고 해서 곧바로 성적이 점프할 수 있는 건 아닙니다.

학원·과외를 선택했다면 선생님에게 그냥 맡겨두지만 말고 시시때때로 점검해야 합니다. 아이 및 선생님과의 대화 그리고 풀이노트와 오답노트를 통해서 점검합니다. 먼저 아이와의 대화에서는 수업 진도를 어떻게 나가는지, 수업 내용이 어렵거나 힘들지 않은지, 직접 문제를 풀어보는 시간이 많은지, 어려운 문제가 많은 편인지, 선생님이 아이의 질문에 잘 답하고 존중해주는지, 아이 스스로 실력이 좋아지고 있다고 느끼는지 등을 나눠야 하는데요. 따지듯 묻지 말고 관심과 애정을 갖고 부드럽게 접근해야 합니다.

　같은 맥락으로 선생님과도 대화를 나누어야 합니다. 대화를 나누다 보면 선생님이 어떤 관점으로 아이를 가르치는지, 아이에 대한 시각이 어떤지, 가르칠 때 무엇을 주안점으로 두는지 등을 알 수 있습니다. 선생님은 부모가 물어보지 않더라도 아이의 학습 분석표를 정기적으로 부모에게 공유해주어야 합니다. 부모가 선생님의 학습 계획을 알면 불안감에서 벗어나 신뢰할 수 있게 될 것이고, 선생님은 부모가 자신의 수고와 노력을 알아줄수록 더욱 열의를 낼 것입니다.

　마지막으로 풀이노트와 오답노트를 살펴봅니다. 우리 아이의 수학 실력이 어떻게 성장하고 있는가는 이 두 가지를 보면 잘 알 수 있습니다. 풀이과정에서 아이 스스로 전개한 건 어디까지인지, 어디에서 막혔는지, 선생님의 첨삭은 어떠했는지, 모르는 걸 완벽히 이해했는지 등을 두 개의 노트가 알려줄 것입니다.

　부모는 이렇게 취득한 정보를 아이의 평소 학습 태도, 성적을 함께 고려하여 종합적인 관점에서 학원·과외를 평가해야 합니다. 무엇보다 아이가 새로운 환경에 적응할 때까지 일단 믿고 기다려주는 게 필요합니다. 새로운 시스템이 만들어지면 제대로 구동될 때까지 시간이 필요하고, 그런 시간이 지난 후에 결과를 평가할 수 있습니다. 제 경험에 의거하면 최소 3~6개월 이상의 시간이 필요합니다.

아이의 진짜 실력을 만들어주는 수학 선생님의 조건

"굳이 전부 다 해석하지 않았는데도 답을 맞혔더라고요."

제가 가르치는 한 고등학생으로부터 들은 이야기입니다. 자기 친구가 모의평가 영어시험에서 지문 전체를 해석하지 않았는데도 높은 점수를 받았다는 것입니다. 그 비결은 바로 영어 학원이었습니다. 학원에서 지문을 보고 핵심 문장과 단어 몇 개를 파악해서 내용을 유추하는 요령을 알려줬다는 것입니다. 덕분에 그 친구는 지문을 모두 읽지 않고도 답을 맞힐 수 있어 시험 시간을 알차게 쓸 수 있었다고 합니다.

고등학교 영어 문제는 지문이 굉장히 길어서 다 읽고 해석하려면 시간을 제법 써야 합니다. 만약 다 읽어보지 않고 답을 맞히는 요령을 안다면 시험에서는 상당히 유리하겠지요. 그런데 그렇게 하여 나온 성적이 과연 아이의 진짜 실력일까요. 아이는 요령을 갖춘 것일 뿐, 영어 실력을 키운 게 아니지요. 그런 요령이 아이를 영어로 말하게 해주거나 영문장을 작성하게 해주지는 못합니다. 만약 요령이 통하지 않는 지문을 만나면 아이는 크게 당황할 것이고, 성적이 하락할 가능성이 높습니다.

영어 실력은 단어를 외우고 문법을 이해해야 성장할 수 있습니다. 그래서 단어와 문법을 공부하는 데 시간을 많이 들여야 합니다. 또한 오늘 열심히 한다고 내일 곧바로 성적이 잘 나오는 과목이 아닙니다. 암기과목은 시험 전 며칠 머리를 싸매고 외우면 성적을 끌어올릴 수 있지만, 영어는 수학과 마찬가지로 꾸준한 시간을 투자해야 성적이 나올 수 있습니다. 즉, 기다림의 시간이 필요한 과목인 거죠.

이 기다림의 시간을 견뎌내야 하는데 그걸 선생님도, 부모도, 아이도 힘들어합니다. 그러다 보니 사교육 시장에서 요령을 알려주는 수업이 존재합니다. 빨리 높은 성적을 받고 싶은 선생님, 부모, 아이의 마음이 어우러져 그런 수업들이 인기를 끌고 있습니다. 실력이 있는 아이가 요령까지 장착한다면 성적 향상에 도움이 되겠지만, 실력이 부족한 아이가 요령을 익히는 데만 치중한다면 진짜 실력을 키우는 건 요원해집니다.

사람은 공부를 왜 할까요. 수학처럼 어려운 학문을 왜 꾸역꾸역 배워야 할까요. 어려운 문제 상황을 만나도 굴하지 않고 끝까지 해결해내는 수학적 사고력(계산능력·이해능력·추론능력·문제해결능력)을 키워내기 위함입니다. 그런 과정을 거치면서 인내심과 끈기, 스스로에 대한 자신감과 성취감 등 마음도 단단해집니다. 이렇게 능력과 마음이 갖춰지면 자신이 꿈꾸는 계획들을 마음껏 펼쳐볼 수 있을 것입니다. 그렇기에 부모는 아이가 공부를 통해 이런 능력과 마음을 키워갈 수 있도록 기다려줄 수 있어야 하고, 기다려줄 줄 아는 선생님을 찾아야 합니다. 제가 생각하는 초보 선생님과 베테랑 선생님의 결정적 차이가 바로 기다림입니다. 아이의 진짜 실력을 키워줄 수 있는 수학 선생님의 첫 번째 조건이지요.

아이가 성장할 때까지 인내하며 기다릴 줄 아는 선생님은 아이가 심화 문제를 어려워하면서 10~20분 붙들고 씨름할 때 묵묵히 뒤에서 지켜보면서 풀 때까지 기다려줍니다. 아이가 문제를 잘 풀지 못한다고 중간에 무 자르듯 끊고 개입하지 않습니다. 문장제나 논·서술형 문제를 어려워하는 아이에게는 책읽기를 독려합니다. 지금 눈앞의 문제 하나를 푸는 것보다 공부의 기초체력을 강화하는 데 신경을 쓰는 거죠.

초보 선생님들 중에 열정이 넘치는 타입은 아이들에게 정말 열심히 설명해줍니다. 책상 사이사이를 누비면서 한 아이씩 붙들고 설명을 해줍니다. 문제를 어려워하는 아이를 보면 바로 풀어주면서 설명을 곁들입니다. 열정은 정말 좋은데, 수학 실력을 키우는 방법과는 다소 거리가 있습니다.

반면에 베테랑 선생님은 아이에게 문제를 풀게 하고, 일정한 거리 내에서 지켜봅니다. 아이의 표정 변화, 문제를 풀어 내려가는 손의 움직임 등을 관찰합니다. 아이에게 내준 풀이 시간을 끝까지 기다렸다가 풀이내용을 보고 왜 어려워했는지를 파악한 다음, 그 부분을 짚어주고 다시 풀어보게 합니다. 아이가 해당 문제의 원리를 제대로 이해했는지 확인하는 것입니다. 이렇게 가르치면 바로바로 문제풀이를 해주는 것보다 시간이 더 걸립니다. 심화나 논·서술형은 스스로 문제풀이를 하는 힘이 있을 때 해결 가능하기에 선생님이 기다려주어야 하는 거죠.

　선생님이 아이를 기다려준다는 것은 수업의 주인공이 선생님이 아닌 아이가 되도록 한다는 의미입니다. 선생님이 앞에 서서 멋지게 문제를 풀어주고 아이가 그걸 지켜보기만 하면 아이는 주인공이 아닌 관객이 되는 것입니다. 선생님이 아이의 성장을 기다려주지 않고 문제풀이를 완벽하게 할 것을 자꾸 요구하면 아이들은 조급해집니다. 해설지를 뒤적이거나, 인터넷이나 앱에 올려서 문제풀이 방법을 물어보고 이를 베낄 수도 있습니다.

　진짜 실력을 키워줄 수 있는 수학 선생님의 두 번째 조건은, 아이의 학습능력에 맞춘 수업 진행입니다. 부모는 아이의 학습능력을 관찰해 그에 맞는 맞춤 교재를 구성하고자 노력하는 선생님들을 찾아야 합니다. 1:1로 진행되는 과외가 개별 맞춤 수업을 하는 데 가장 알맞은 형태인데요. 학원 중에도 아이들의 학습능력에 맞춰 개별 교재를 구성하고 1:1 문제풀이 첨삭지도를 해주는 곳이 있습니다.

　아이들의 학습능력별로 수업을 진행하는 선생님은 아이의 문제풀이를 주의 깊게 관찰하기 때문에 어느 단원에서 학습결손이 났는지, 현재 문제집의 난이도에 아이가 잘 적응하고 있는지를 잘 알아차립니다. 알아차린 만큼 교재 구성이나 수업 진도를 변경합니다.

학습결손이 났다면 현행 학습과 더불어 해당 단원에 대한 복습을 병행하고, 이 같은 사실을 부모에게 공유하여 이해를 구하고 아이가 과거 학년 문제를 푼다는 걸 부끄러워하지 않도록 마음을 보듬어줄 것입니다.

만약 아이가 제시된 문제를 보고 아예 손대지 못하고 멍하게 있는 걸 반복한다면 문제집을 바꾸어 줍니다. 아직 그 문제를 풀 준비가 안 되어 있는 것이므로, 좀 더 난이도를 낮춰서 아이가 문제풀이를 즐거워할 수 있도록 한 다음에 서서히 난이도를 높여갈 것입니다.

1:1 개별 맞춤 수업을 진행하는 선생님은 개념 설명을 할 때에도 아이들의 학습능력별로 차이를 둡니다. 수학을 어려워하는 아이들에게는 이해하기 쉽게 풀어서 설명해주고, 이해하지 못한 부분을 반복해 설명해주는 친절함을 발휘합니다. 반면에 수해력이 있고 기본기가 되어 있는 아이들에게는, 먼저 개념을 읽어보고 개념노트에 정리하면서 이해할 수 있는 시간을 줍니다. 스스로 생각하는 힘을 키워주기 위해 그런 것입니다.

진짜 실력을 키워줄 수 있는 수학 선생님의 세 번째 조건은, 초중고 수학의 전 과정을 이해하고 학생을 지도해본 경험이 있어야 한다는 것입니다. 학원에서 초등부를 지도하는 선생님들은 중고등부까지 지도하지 않은 경우가 많은 편입니다. 반대로 중고등부를 지도하는 선생님들 중에 초등부 지도 경험이 많지 않은 분들이 있습니다. 과외 선생님들 역시 초등학생 전문, 중학생 전문, 이런 식으로 선호 학년이 있는 편입니다. 부모들은 '~ 전문'이라는 간판이 말 그대로 전문적으로 보여서 때맞춰 선생님을 바꾸는 경향이 있고요.

초중고 수학 전반의 교과 과정을 이해하고 아이들을 폭넓게 지도해본 경험이 있는 분을 선택하는 게 좋은 이유는, 그렇지 않은 경우보다 아이의 학습계획을 훨씬 더 효과적으로 짤 수 있기 때문입니다. 학원·과외 학습의 최종 목표는 대입이므로, 대입을 이해하지 않고 현재 아이의 학습계획을 짜는 건 한계가 있습니다. 사람들이 최종 목표를 먼저 세운 다음 그에 맞게 중단기 계획을 수립하는 것과 마찬가지입니다.

아이의 진짜 실력을 키워주려면 선생님이 현재 아이의 학습능력을 분석하는 게 먼저이고, 고등학교 전 과정 그리고 대입까지 염두에 두고 실력향상계획을 세워야 합니다. 수학 실력을 쌓는 것은 하나하나 벽돌을 쌓아 올리는 것과 같습니다. 기본적인 수 개념부터 시작해서 차근차근 한 단계씩 위로 올라가야 합니다. 그렇게 공부했을 때 실력이 탄탄해집니다.

당장 눈에 띄는 성과를 보여주고자 선행을 과도하게 나가거나 눈앞의 시험에만 맞춘 학습을 하면 잠깐 반짝할 수 있지만, 시험의 난이도가 어려워지는 등 변수가 발생했을 때 금방 주저앉게 됩니다. 때문에 최종 목표를 보고 장기적인 관점에서 아이의 실력을 키워갈 줄 아는 선생님을 찾는 게 중요합니다.

진짜 실력을 키워줄 수 있는 수학 선생님의 네 번째 조건은, 박수 쳐주기입니다. 수학을 힘들어하는 아이들에게 선생님의 따뜻한 격려와 응원은 큰 힘이 됩니다. 설혹 성적이 잘 나오지 않았더라도 노력했던 과정을 들여다보면서 지금까지 잘해왔고 앞으로 더 잘할 수 있을 거라고 격려해주는 선생님이 아이의 마음에서 최선을 이끌어낼 수 있습니다. "성적이 이 모양인데 노력했다고 말할 수 있어?"라는 나무람보다, "지금 성적이 만족스럽지 않아도, 노력했던 땀방울이 나중에 꼭 좋은 성적으로 나타날 거야"와 같은 격려가 아이들에게 더 필요합니다. 식상한 예시이지만, 나그네의 두터운 외투를 벗겨낸 건 매서운 바람이 아니라 따뜻한 태양빛이었던 것처럼요.

학원 vs. 과외 vs. 가정학습, 어떤 게 좋을까

부모들의 관심이 많은 반면, 정답이 없는 질문입니다. 만약 학원일까 과외일까를 고민하는 부모들이 있다면, 위에서 얘기하는 '아이의 진짜 실력을 키워주는 수학 선생님'을 찾을 것을 권합니다. 학원과 과외 중 무엇을 선택하는가보다 가르치는 사람이 누구인 게 중요하다고 말하고 싶습니다.

과외는 아이의 학습능력에 맞춰 1:1로 진행된다는 강점이 있는 반면에, 선생님에게 의존적인 학습 습관을 가질 수 있고, 학습능력에 대한 객관적 평가가 어렵다는 점이 있습니다. 학원에서는 정기적인 평가시험이 진행되므로 현재 학습능력을 진단받을 수 있고, 친구들과 서로 응원을 주고받을 수 있습니다. 반면에 나만의 맞춤 수업을 받기가 어렵다는 점이 아쉽지요. 그래서 과외를 받는다면 아이가 자기 실력을 객관적으로 평가받을 수 있는 기회를 만드는 게 중요하고, 학원을 간다면 1:1 개별 맞춤 수업이 가능한 곳이 좋겠습니다.

무엇을 선택하든지 간에 선생님이 아이의 문제풀이 습관, 오답 풀이 등을 어떻게 지도하는지 살펴보아야 합니다. 판서식 수업에다가 시험을 위주로 수업을 진행한 다음 오답 풀이를 과제로 내주는 학원이라면 보내지 않는 게 좋겠습니다. 선생님이 직접 아이의 문제풀이 과정을 검토하고, 오답을 관리해주는 게 중요합니다. 아이가 잘 틀리는 문제와 유사한 유형을 제시하여 반복해서 풀게 해주어야 제대로 된 오답 관리인데, 이는 선생님이 아이의 학습 상황을 관심 있게 들여다보아야 가능합니다.

가정학습은 학원, 과외 여부를 떠나서 필수적입니다. 아이는 혼자서 공부하는 시간을 가져야 합니다. 특히 학년이 올라갈수록 스스로 학습계획을 세우고 그에 맞춰서 실행해보는 경험을 해보는 게 좋습니다. 선생님의 문제풀이를 아무리 많이 지켜봐도 스스로 공부하지 않으면 머릿속에 남는 게 없습니다. 그날 배운 내용에 대해서 문제를 풀고 채점해서 틀린 문제에 대해 오답노트를 쓰는 등 1~2시간 내로 혼자 복습하는 시간을 가져야 합니다.

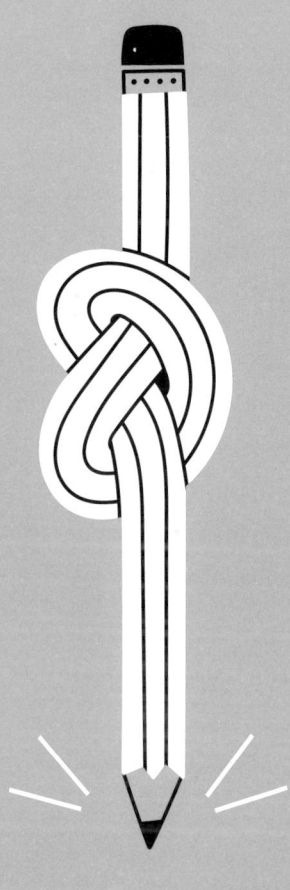

3장
치필+수행 시대, 다섯 영역을 잡아라

 M A T H

[개념]
감각을 활용해 이해력을 높인다

절대 잊어버리지 않는 개념 학습의 세 단계

초등학교 때부터 학업에 흥미를 갖지 못했다가 고등학교 2학년이 되어서 마음을 고쳐먹고 공부를 하기 시작한 아이가 있었습니다. 아이는 열의를 불태우면서 수학 문제집을 쌓아놓고 문제를 풀었습니다. 아이가 문제를 푼 양은 같은 학교에서 상위권인 아이들도 놀랄 만큼 많았습니다. 그런데도 수학 실력은 쉬이 늘지 않았습니다.

원인은 개념 학습 없이 문제만 풀었기 때문이었습니다. 문제를 많이 푼다고 부족한 개념이 정립되는 게 아닙니다. 실제로 아이가 푼 문제집에는 빨간색 빗금이 가득했습니다. 열심히 노력하는데도 나아지지 않는다면 학습에 어떤 문제점이 있는지를 확인해보아야 합니다.

저는 아이를 만나 그동안 수학을 어떻게 공부했는지 물어보았습니다. 아이는 또래 친구들보다 뒤처졌다고 생각하여 마음이 급했다고 했습니다. 그래서 문제풀이에 매달렸고, 답안지 해설에 나온 개념을 외웠다고 했습니다. 개념을 이해하지 못하고 단순 암기만 했던 것이었습니다.

개념 학습은 수학을 공부할 때 가장 먼저 선행되어야 하는 단계입니다. 개념 내용을 이해하고 암기한 다음, 관련 공식을 외우고, 그다음에 연습문제를 풀어봅니다. 개념 학습을 하겠다면서 개념 내용을 읽기만 하거나 선생님의 설명을 듣는 것으로 학습을 마무리하는 경우도 있는데, 개념을 알더라도 연습문제를 풀어보지 않으면 개념과 공식을 문제에 적용하는 방법을 익힐 수 없습니다. 개념 이해, 개념 및 공식 암기, 연습문제 풀이는 한 세트처럼 완수해야 합니다.

〈개념 학습법〉

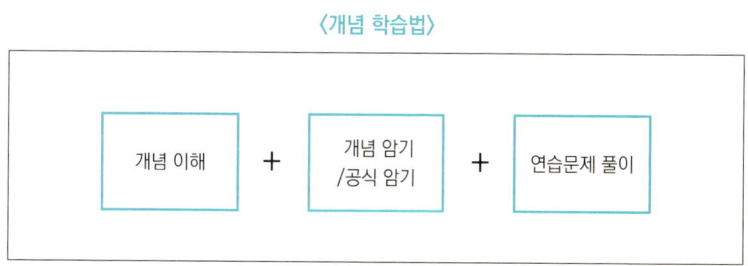

개념 학습에서 내용을 이해한 후에 외워야 하는 이유가 있습니다. 개념을 단순히 외우기만 하면 문제에 적용할 수 없기 때문입니다. 무슨 이야기인지 함수의 주요 개념(정의역, 공역, 대응, 치역)을 예로 들어 보겠습니다.

함수란 '두 집합 사이의 관계'를 설명하는 개념으로, 두 집합 중 한 집합을 정의역, 나머지 집합을 공역이라 합니다. 정의역의 원소(x)를 하나의 공역 원소(y)에 대응시키는 관계가 있을 때, y값을 x의 함수[$y=f(x)$]라고 합니다. X 원소와 Y 원소의 짝을 짓는 것을 대응($x \to y$)이라고 하고, x, y처럼 변하는 여러 값을 가지는 문자를 변수라 합니다. 치역은 X에 대입한 Y의 집합으로, 공역의 부분집합이거나 공역 전체일 수 있습니다. 치역과 공역이 같은 함수를 전사함수라고 합니다.

함수의 개념이 어렵게 느껴진다면 자판기를 생각하면 쉬울 것입니다. 투입하는 금액에 따라서 캔커피와 탄산음료, 생수를 제공하는 자판기는 함수의 원리를 적용해서 만든 것입니다.

〈함수의 기본 정의 : 집합 X와 Y의 각 원소가 하나씩 대응(일대일대응)할 때〉

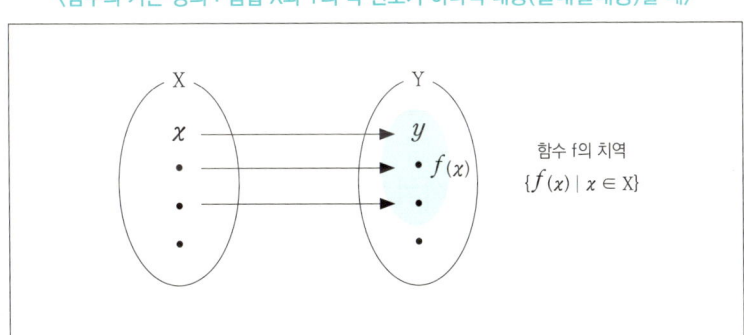

함수 문제를 풀기 위해서는 이 같은 개념을 이해해야 합니다. 정의역, 공역, 치역 등의 단어가 무슨 뜻인지를 알고 기억해야 합니다. 개념을 달달 외웠어도 이해하지 못했다면 문제를 풀 수 없습니다.

개념 학습을 탄탄히 했다면 심화와 논·서술형 문제로 넘어갈 수 있습니다. 심화와 논·서술형은 여러 개의 개념이 융합돼 있으므로 개념 및 연산 학습이 제대로 이뤄진 후에 풀 수 있습니다.

앞서 언급한 사례처럼 기초가 약한 상태로 고학년이 되었다면 마음이 조급할 겁니다. 그렇다 해도 급할수록 돌아가라는 말처럼 기초부터 다져야 합니다. 앞서 언급했듯이 코로나 사태로 학습 환경이 불안정했다면 결손이 생겼을 가능성이 크므로 반드시 결손 부분에 대한 개념을 충실히 복습하도록 합니다. 초중고 수학에서 가장 먼저 개념 이해에 어려움이 발생하는 단원이 분수(초등학교 3학년)이므로, 만약 기초가 전반적으로 약한 중고등학생이라면 분수의 기본 개념을 잘 이해했는지와 분수의 사칙연산을 잘하는지를 확인해보고, 이 부분을 잘한다면 중학교 1학년부터 개념 복습을 하도록 합니다.

개념 공부, 손이 부지런할수록 유리하다

제가 가르친 수리 1등급 아이들의 특징은 손이 부지런하다는 것입니다. 1등급 아이들은 선생님이 개념을 설명해주면 주의 깊게 들으면서 메모를 합니다. 학교·학원·과외에서 개념 학습 시간은 선생님의 활약이 큽니다. 선생님은 그날 학습해야 할 개념을 열심히 설명합니다. 칠판에 판서하고 영상을 보여주며 예시 문제를 통해 적용법을 알려줍니다. 선생님은 능동적으로, 아이는 수동적일 수밖에 없는 시간임에도 1등급 아이들은 능동적이고 적극적으로 행동하는 것입니다. 그날 배운 것을 집에 가서 복습할 때도 직접 손으로 개념을 적으면서 공부합니다. 단지 사전적 정의를 베끼는 게 아니라 자신이 이해한 대로 내용을 풀어서 씁니다.

개념을 공부할 때 선생님의 설명을 듣기만 하거나 인터넷 강의 영상을 지켜보는 아이들이 있습니다. 그 순간은 개념을 이해했다고 생각하겠지만, 머릿속에 내용을 오래도록 남길 수 없을 겁니다. 나중에 그 개념과 관련된 문제를 봐도 생각이 나지 않습니다. 우리의 뇌는 감각을 많이 사용할수록 기억을 잘합니다. 그래서 개념 공부할 때 눈으로 보고 손으로 직접 쓰면서 입으로 말한다면 더 좋은 효과를 볼 수 있습니다.

흔히 '선생님 놀이'라고 부르는 학습법이 있습니다. 친구들에게 학습한 내용을 선생님처럼 가르치는 것인데요. 이렇게 하면 내용을 더 잘 기억할 수 있습니다. 친구들과 질문을 주고받으면서 어렵거나 헷갈리는 포인트를 반복해서 학습할 수 있고요. 만약 상황이 여의치 않아 친구들과 선생님 놀이를 하기 어렵다면, 홀로 해도 괜찮습니다. 스스로에게 설명을 해주고, 이해가 잘 가지 않는 부분을 자문하고 답을 찾아보는 것입니다.

개념을 손으로 써보거나 말로 표현하는 건 기억력에 도움이 된다는 것 외에 장점이 더 있습니다. 아이 스스로 해당 개념을 잘 이해하고 있는지를 확인할 수 있다는 것입니다. 개념을 정확하게 이해하고 있는 아이들은 말과 글로 표현할 줄 압니다. 예를 들어 "사각형이 뭐야?"는 질문에 대해 "뾰족뾰족한 부분(변)이 네 개 있는 도형"이라고 자신이 이해한 걸 설명할 수 있습니다. 만약 말과 글로 표현할 줄 모른다면 정확하게 알지 못한 거라고 간주해도 무방합니다. 제대로 이해하고 기억할 수 있도록 좀 더 학습해야 합니다.

개념 공부를 할 때는 이해하기 쉽게 쓰인 기본 교재 하나를 선택하는 게 좋습니다. 특히 초등 수학 개념 교재의 경우 너무 두꺼운 분량보다는, 핵심을 잘 정리해서 가벼운 마음으로 학습할 수 있는 분량의 교재를 추천합니다.

사실 우리나라 수학 교과서는 다수의 전문가들이 참여하여 만들었음에도, 아이들이 이해하기에 쉬운 방식으로 구성돼 있지 않습니다. 다른 나라 수학 교과서에 비해 난이도가 높은 편이고, 문제 해결 방법 풀이 내용을 이해하기 어려운 경우도 있습니다. 어려운 내용의 단원일수록 교과서만 가지고 개념을 이해하는 게 쉽지 않으므로 쉬운 개념 교재가 필요합니다.

또한 개념 교재를 자주 바꾸는 것보다는 한 권을 반복해서 공부하는 게 개념을 이해, 암기하는 데 더 효과적입니다. 별도의 노트를 준비해서 자신이 이해한 내용을 적으면 나중에 복습할 때 도움이 됩니다. 교재에 자신이 이해한 걸 적어도 좋겠지만, 별도로 정리된 개념노트가 있으면 나중에 반복학습을 할 때 여러 권의 책을 들고 다니지 않아도 되고 책장을 뒤적이면서 찾아 헤매지 않아도 되어 효과적입니다.

한 번 공부했더라도 반복학습은 필수입니다. 그날 배운 것을 복습할 때, 전날 공부한 것까지 복습하는 식으로 3~4번은 반복해야 합니다. 복습할 때는 개념서와 개념노트를 덮어두고 기억나는 대로 연습장에 적어본 다음, 개념서나 노트와 비교해봅니다. 그러면 자신이 잘 이해, 암기하고 있는지를 확인할 수 있습니다.

 초중고별 수학 개념서 추천

초등학교 : 『개념수다』(미래엔에듀)
중 학 교 : 『올리드』(미래엔에듀), 『디딤돌수학 개념기본』(디딤돌교육), 『개념쎈 중등수학』(좋은책신사고)
고등학교 : 『개념원리』(개념원리), 『수학의 바이블』(이투스북), 『마플교과서(희망에듀)』, 『수학의 정석』(성지출판사)

[연산]
'문제를 빨리 풀어야 수학을 잘한다'는 착각에서 벗어나기

연산, 속도보다 정확성이 중요하다

"매일 연산을 집중적으로 했어요."

초등학교 2학년 아이를 데려온 어머니의 설명입니다. 시험 때 문제를 빨리 풀게 하려고 매일 집중적인 연산 훈련을 했다는 것입니다. 이처럼 연산을 중요하게 생각하는 부모들이 많습니다. 아이들에게 타이머를 맞춰두고 연산 훈련을 시키는데요. 어릴 때 주산을 배우면서 연산력을 키웠던 부모들의 경우 빠르게 문제를 풀지 못하면 수학을 잘하는 게 아니라고 생각하는 것 같습니다. TV 예능 프로그램에서는 암산을 엄청나게 빠르게 해내는 사람이 수학 영재란 이름으로 소개되기도 합니다.

앞서 언급했듯이 연산을 잘한다고 수학을 잘한다고 할 순 없습니다. 단순 연산력보다 생각하는 힘이 더 중요하고요. 그러나 수학을 잘하는 아이들은 연산력이 몸에 자연스럽게 배어 있습니다. 연산을 잘하지 못하면 수학 실력을 쌓아나가는 데 방해가 됩니다. 대개 학습 결손이 심한 아이는 연산력이 좋지 못한 편입니다. 계산 실수 때문에 충분히 답을 맞힐 수 있었던 문제들을 틀리는 일이 반복돼 자신감도 부족하고요.

수학을 잘하려면 어느 정도의 절대 시간을 투자해야 하고, 절대 시간에서 가장 비중이 높은 것이 연산입니다. 시간을 투자할수록 효과가 비례합니다.

문제를 빨리, 계산 실수 없이 풀 수 있다면 당연히 시험 때 유리합니다. 학년이 올라갈수록 시험 때 시간이 부족해서 문제를 풀지 못했거나 계산 실수 때문에 답을 못 맞힌 아이들이 늘어납니다. 수능도 마찬가지고요. 이런 일을 방지하려면 평소 학습계획표에 연산 학습 시간을 배정하여 꾸준히 훈련해야 합니다.

그렇다고 해도 연산의 비중을 과도하게 높일 필요가 없습니다. 위에서 얘기한 아이의 경우도 매일 양치기 훈련으로 지친 상태였습니다. 단순히 속도를 빠르게 하고자 막대한 양의 문제를 무작정 풀고, 늘 풀던 유형 문제를 반복해서 푸는 것은 수학에 싫증 나게 만드는, 좋지 않은 방법입니다.

꾸준히 연산 훈련을 하되 과도한 양치기 훈련을 하지 말아야 하는 또 다른 이유는, 현재 우리나라 교육이 과정 중심의 평가로 바뀌었기 때문입니다. 과정 중심 평가란 학습의 결과뿐 아니라 과정을 중요시하는 취지에서 학생의 성취도, 태도, 역량 등을 평가하는 것을 말합니다. 수학 교육에서 논·서술형 문제의 비중이 높아지고 있는 것은 과정 중심 평가 도입과 관련이 있습니다. 그래서 단순한 연산 훈련을 반복하는 건 오늘날 수학 교육의 지향점과 맞지 않습니다.

연산에 대한 과도한 양치기 훈련에 매몰되다 보면 심화나 논·서술형에 소홀해지기 쉽고 수학 공부의 궁극적 목표인 문제 상황을 해결하기 위해 깊이 있게 사고하여 문제를 해결해내는 수학적 사고력을 키우기 어렵습니다.

연산 훈련을 하는 데 있어 속도보다 중요한 건 문제를 정확하게 푸는가, 입니다. 계산이 빨라도 답이 틀리면 빠른 속도가 아무런 소용이 없습니다. 빠르게 풀면서도 정확성을 기하는 것, 그것이 연산 훈련의 포인트입니다.

정확하게 푼다는 건 어떤 의미일까요. 그 문제가 담고 있는 개념을 제대로 이해했다는 것이고, 관련된 공식을 정확하게 외우고 적용시킬 줄 안다는 것입니다. 개념의 이해와 공식 암기 및 적용, 만약 이것이 되지 않는다면 문제를 정확하게 푸는 건 불가능해집니다. 때문에 문제를 풀고 나서 틀린 문제에 대해서는 반드시 오답 풀이를 하는 게 중요합니다. 오답 풀이를 통해 왜 틀렸는지 원인을 확인하고, 부족한 부분을 보충하도록 합니다.

연산 훈련은 학원을 다니든, 과외를 하든 상관없이 반드시 '나 홀로' 직접 해야 합니다. 학원이나 과외에서 선생님의 풀이를 가만히 지켜본 것만으로는 되지 않습니다. 반드시 스스로 직접 풀어보고, 그에 따른 오답 풀이까지 마쳤을 때 제대로 된 연산 훈련을 했다고 할 수 있습니다.

 ## 계산 실수를 줄이고 싶다면

개념을 잘 이해하고 공식도 잘 아는데 자꾸만 계산 실수로 틀리는 아이들이 있습니다. 이런 경우는 실수를 줄이기 위한 규칙이 필요합니다. 계산 실수가 잦은 아이들의 공통점을 보면 어떤 규칙이 필요한지를 짐작할 수 있습니다.

계산 실수가 많은 아이들은 문제풀이를 할 때 마음대로 쓰는 경향이 있습니다. 줄을 맞추지 않고 삐뚤빼뚤 쓰고, 글자도 알아보기가 힘듭니다. 앞서 쓴 숫자에 겹쳐서 다음 숫자를 쓰는 경우도 있습니다. 그래서 저는 아이들에게 문제풀이한 내용을 자신의 얼굴로 생각하라고 강조합니다. 수식을 쓸 때 반드시 줄을 맞추고, 글자를 또박또박 쓰는 습관을 가져야 합니다.

암산보다는 종이에 직접 풀이과정을 적는 게 실수를 줄일 수 있습니다. 또한 풀이 시간이 부족하다고 당황하지 않고 시종일관 침착함을 유지하는 마음 훈련도 필요합니다. 마음이 헝클어지면 아무리 좋은 습관도 틀어지기 쉬우므로 냉정하고 침착한 마음 상태를 유지하는 훈련을 병행하도록 합니다.

개념이 안 풀리면 연산에서 문제가 생긴다

분수와 소수의 사칙연산 문제를 잘 풀지 못하는 초등학교 6학년 아이가 있었습니다. 끙끙대면서 문제를 푸는데도 자꾸만 정답을 맞히지 못하자 아이는 자신감을 잃어갔습니다. 어머니는 아이를 데리고 제게 찾아왔습니다.

〈분수와 소수의 혼합계산 문제〉

$$0.3 + 3\frac{5}{6} \qquad 12\frac{6}{8} - 2 \times \frac{3}{8} + 0.4$$

테스트를 통해서 아이가 분수와 소수의 개념, 약분의 개념을 이해하지 못하고 있다는 사실을 확인했습니다. 아이는 분모가 같은 분수의 덧셈과 뺄셈 문제를 풀 줄 알았지만, 이건 분수의 개념을 이해해서가 아니라 "분모가 같으면 분자만 가지고 계산하면 된다"는 선생님의 설명을 단순 암기했기 때문에 풀 수 있었던 것이었습니다.

분수와 소수는 전체에 대한 부분을 표현하는 수 개념입니다. 먼저 분수란 자연수 a를 정수 b로 나눈 몫을 a/b로 표시한 것입니다. 쉽게 말해 전체를 1이라고 보고 그 1을 b등분한 것을 a만큼 모인 것이 a/b입니다. 분수에는 진분수[32], 가분수[33], 대분수[34]의 세 가지 종류가 있습니다.

또한 소수는 일의 자리보다 작은 자릿값을 가진 수로, 0.1, 0.2 등으로 표현됩니다. 분수와 소수는 전체를 1로 보고 그에 대한 부분을 표현한다는 개념이 같아서 소수를 분수로, 분수를 소수로 바꿔줄 수 있습니다.

〈분수를 소수로 고치는 방법〉

$$\frac{3}{5} = 3 \div 5 = \begin{array}{r} 0.6 \\ 5 \overline{)3.0} \\ -0 \\ \hline 3.0 \\ -3.0 \\ \hline 0 \end{array}$$

분자를 분모로 나누어줍니다.

〈소수를 분수로 고치는 방법〉

$$3.4 = 3.4 \times 1 = 3.4 \times \frac{10}{10} = \frac{3.4 \times 10}{10} = \frac{34}{10}$$

분자에는 소수점을 지운 숫자를 쓰고, 분모에는 소수의 자릿값을 씁니다.

---

32. 분자가 분모보다 작은 분수.
33. 분자가 분모와 같거나 분모보다 더 큰 분수.
34. 자연수와 진분수의 합으로 이뤄진 분수.

소수의 사칙연산을 하려면 소수점을 맞춰서 쓰는 게 중요합니다. 아이들이 소수점 계산식을 쓸 때 자연수일 때와 마찬가지로 끝자리를 맞추는 경우가 있는데, 소수점을 맞춰서 쓰고 나머지는 자연수의 계산 방식과 같다는 점을 알려주어야 합니다.

분수와 소수의 사칙연산을 하기 위해 알아야 하는 개념이 약분과 통분입니다. 약분은 분수의 분모와 분자를 공약수[35]로 나누는 것을 말하고, 통분은 둘 이상의 분수의 분모를 같게 만드는 것으로, 두 분모의 곱을 공통분모로 하거나 두 분모의 최소공배수[36]를 이용해 같게 만들 수 있습니다.

〈약분하는 방법〉

$$\frac{4}{16} = \frac{4 \div 4}{16 \div 4} = \frac{1}{4}$$

〈최소공배수를 이용해 통분하여 두 분수의 크기 비교하는 방법〉

$$\frac{5}{8} \; \boxed{?} \; \frac{2}{6} \;\rightarrow\; 2\,\overline{)\,8 \quad 6\,} \atop {\quad\;\; 4 \quad 3} \;\rightarrow\; 2 \times 4 \times 3 = \underline{24}$$
최소공배수

$$\frac{5 \times 3}{8 \times 3},\; \frac{2 \times 4}{6 \times 4} \;\rightarrow\; \frac{15}{24} \;\boxed{>}\; \frac{8}{24} \;\rightarrow\; \frac{5}{8} \;\boxed{>}\; \frac{2}{6}$$

---

35. 두 정수의 공통 약수가 되는 정수.
36. 두 개 이상의 정수의 공배수 중 0을 제외한 가장 작은 수.

이 같은 개념들을 이해하고 적용할 수 있으면 분수와 소수가 섞인 계산 문제를 풀 수 있습니다. 그러나 아이는 바로 이러한 기본 개념들을 어려워했기 때문에 문제를 풀지 못했습니다.

아이가 연산 문제를 잘 틀린다면 그 원인을 정확하게 알아보아야 합니다. 대부분 계산 문제를 틀렸다고 하면 실수를 했다고 생각하는데, 개념을 잘 이해하지 못한 게 원인인 경우도 적잖습니다. 이런 경우 연산 훈련을 아무리 시켜도 좋아지지 않습니다.

수학 공부에 있어서 아이들이 가장 처음으로 어려워하는 개념은 초등학교 3학년 때 등장하는 분수와 소수입니다. 초등 1~2학년의 자연수와 사칙연산, 구구단까지는 신나게 배우다가 갑작스레 등장한 낯선 개념에 당황하게 됩니다. 이때 분수와 소수 개념을 제대로 이해하지 못했거나 혹은 개념은 이해했지만 문제를 풀며 완벽히 적용하지 못했다면, 초등학교 5학년의 약분과 통분을 이해할 수 없고, 분수와 소수의 혼합계산 문제를 풀 수 없습니다. 뿐만 아니라 이후 중고등학교 문제풀이까지 악영향을 미칩니다.

만약 아이가 계산을 잘 해내지 못하면 틀린 문제를 분석해서 개념 이해에 결손이 생긴 건 아닌지 점검하는 게 필요합니다. 개념과 유형을 잘 짚을 수 있는 교재를 선택하여 학습한다면, 결손을 해결할 수 있을 것입니다.

시선집중

오답노트·
풀이노트 작성법

    저는 틀린 문제를 '보물'이라고 부릅니다. 왜냐면 틀린 문제는 아이가 어느 지점이 약한지를 알려주기 때문입니다. 왜 틀렸는지, 어떻게 하면 문제를 제대로 풀 수 있을지 등을 분석해서 완벽하게 해결한다면 수학 실력을 향상시킬 수 있습니다. 그래서 아이들과 '보물 찾기'라는 이름으로 오답 풀이를 합니다.

    수학 실력을 가르는 것은 오답 풀이에 있다고 해도 과언이 아닙니다. 수학을 잘하는 아이는 평소 오답 풀이를 통해 취약지점을 공략했기에 자신이 무엇을 알고 무엇을 모르는지를 정확하게 인식하고, 자기 실력에 대한 확신이 강합니다. 반면에 수학을 못하는 아이는 자신이 무엇 때문에 문제를 틀렸는지, 어떻게 대처해야 하는지 잘 모릅니다. 시험 성적에 따라 마음이 오르락내리락합니다. 이 아이들이 오답 풀이를 착실하게 한다면 취약지점을 튼튼하게 만들 수 있어서 성적이 오르게 될 것입니다.

　오답 풀이를 하는 데 있어서 별도의 노트를 만드느냐, 만들지 말아야 하느냐로 의견이 분분합니다. 저는 아이들이 자기 취향대로 선택해도 좋다고 보지만, 현장에서 아이들을 지도할 때는 오답노트를 만드는 걸 권하는 편입니다. 풀이노트도 마찬가지고요. 두 가지 모두 별도로 마련하면 반복학습할 때 좋습니다. 단, 중요한 건 노트의 형식이 아니라 문제풀이 과정을 꼼꼼하게 쓰는 것이고, 오답을 반드시 해결하고 넘어가야 한다는 것, 이 두 가지입니다.

　별도의 오답노트와 풀이노트를 만든다면, 만드는 데 너무나 정성을 다하지 않아야 합니다. 어떤 아이들은 노트를 꾸미는 데 적잖은 시간과 노력을 할애합니다. 갖가지 형광펜을 동원하고 문제를 적거나 잘라 붙이면서 디자인을 더하는 등 예쁘게 만듭니다. 정성을 들이면 노트에 애정이 더 생길 수 있겠지만, 사실 시간 낭비입니다. 그런 정성은 아껴두어도 됩니다. 문제를 옮겨적어도 되지만, 길이가 꽤 긴 문제도 있는 만큼 복사해서 붙여도 됩니다. 여하간에 시간과 노력을 가장 절약하는 형식을 선택하도록 합니다.

　오답 풀이는 초중고 전 학년에서 모두 중요합니다. 중고등 아이들은 스스로 오답노트를 쓸 수있지만 초등 저학년이 오답노트 형태를 만드는 건 어려울 수 있으므로, 틀렸던 문제와 동일하거나 유사한 문

〈풀이노트·오답노트 예시〉

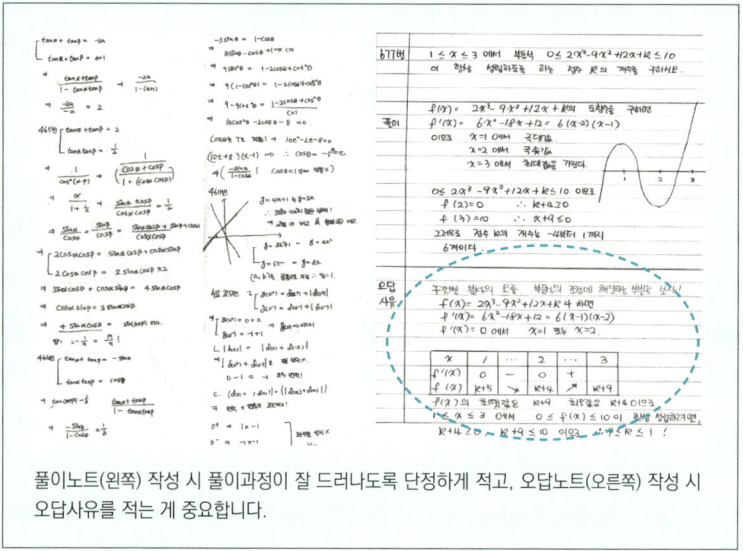

풀이노트(왼쪽) 작성 시 풀이과정이 잘 드러나도록 단정하게 적고, 오답노트(오른쪽) 작성 시 오답사유를 적는 게 중요합니다.

제들을 반복해서 풀어보면 됩니다.

　문제집을 풀 때 풀이과정을 풀이노트에 기록하고, 채점하면서 틀린 문제는 문제집에 틀렸다는 표시를 하고 오답노트에 기록합니다. 이렇게 문제집을 깨끗하게 관리해야 반복해서 문제를 풀 수 있습니다.

　나중에 틀린 문제들을 다시 풀어서 완벽히 이해했는지 점검하고, 오답노트에 적어둔 것과 비교하면서 풀이과정의 핵심이 잘 들어있는지를 확인합니다. 오답노트와 풀이노트를 쓰는 습관은 자연스럽게 심화와 논·서술형 문제에 대비할 수 있게 해주므로 매우 중요합니다.

오답노트 작성 시 문제를 옮겨 적은 다음 해설지의 풀이 방법을 그대로 옮겨 적고 외우는 경우가 있는데, 바람직하지 않습니다. 풀이 과정을 암기하게 되면 내가 취약한 지점을 단련시킬 수가 없게 됩니다. 그보다는 계산상으로 틀린 지점을 정확하게 쓰고, 왜 틀렸는지와 어떻게 풀어야 하는지 해결방법을 적는 게 중요합니다. 문제를 틀렸다면 그 문제가 담고 있는 개념을 잘 이해하지 못했고, 개념과 관련된 공식을 제대로 암기하지 못했을 가능성이 큽니다. 내가 모르는 지점을 확인하고 다시 틀리지 않도록 훈련하는 게 오답 풀이의 목적입니다.

오답 풀이를 하는 데 있어서 선행되어야 하는 게 있습니다. 내가 '틀린 문제'를 정확하게 구분하는 것입니다. 무슨 뜻일까요. 문제를 풀고 채점하다 보면 명백하게 틀린 문제가 있고, 답을 맞혔지만 사실 '정확히 몰랐던 문제'가 있습니다. 풀이과정이 잘못되었는데 운 좋게 답을 맞혔거나, 아니면 잘 몰라서 찍었는데 맞힌 문제들입니다. 이런 문제들을 맞혔다고 생각하면 나중에 같은 유형 문제를 만났을 때 결국 틀릴 것이므로, 이것들도 다 함께 틀린 문제로 구분해놓고 오답 풀이를 하도록 합니다. 만약 아차 싶은 계산상 실수로 틀렸다면 문제를 급하게 풀지 않았는지, 풀이과정을 산만하게 쓰다가 꼬여버린 건 아닌지 등을 점검해서 같은 실수를 반복하지 않도록 주의해야 합니다.

틀린 문제를 제대로 구분한 다음에 할 일은 다시 풀어보는 것인데요. 무작정 풀어봐야 똑같은 실수를 반복할 것이므로 큰 의미가 없습니다. 해설지에 나와 있는 풀이과정을 보면서 어느 지점에서 계산을 잘못했는지, 취약한 개념과 암기하지 못한 공식이 무엇인지 확인해서 기록해야 합니다. 해설지를 외울 정도로 반복해서 보지 않되 한 번은 꼼꼼하게 읽어보아야 내가 무엇을 모르거나 놓쳤는지를 알아낼 수 있습니다. 고등학교 수학 문제는 출제자의 의도를 알아차리는 게 필요한데요. 여러 개념이 융합돼 출제되므로, 어떤 개념이 융합되었고 어떻게 해결해야 하는지를 확인하도록 합니다.

이렇게 확인한 후에 다시 풀어봅니다. 모르는 지점을 확인하고 이해한 후에 풀었기 때문에 제대로 풀 수 있을 겁니다. 그런데 여기까지 하고 끝낸다면 오답 풀이의 진정한 목적을 달성할 수 없습니다. 이 과정까지 했다고 해서 그 문제를 완벽하게 풀 수 있게 된 건 아니니까요. 사람의 기억력은 한계가 있어서, 오늘 깨달음을 얻었다고 해도 반복하지 않으면 잊어버립니다. 오답 풀이도 마찬가지입니다. 왜 틀렸는지 원인을 확인하고 해결책을 찾아내고 원리를 이해했다고 해도 며칠 지나면 머릿속에서 희미해질 것입니다. 오답에 내가 놓쳤던 개념과 공식이 들어있는데 이걸 놓쳐버리면 다음에 같은 유형 문제를 만났을 때 또 틀릴 겁니다.

그래서 2~3일 후에 오답 문제를 다시 풀어보아야 합니다. 문제집에 표시해놓은 틀린 문제를 풀이노트에 다시 푸는 거죠. 앞서 오답노트에 기록해 놓았던 내용을 보지 말고 풀어야 그때 공부했던 개념과 공식을 잘 기억하고 있는지 확인할 수 있습니다. 다시 풀어도 여전히 잘 모르겠다면 공부를 더 해야 하고요.

이렇게 3~4번을 반복하면 비로소 잘 기억할 수 있을 것입니다. 똑같은 문제를 계속 반복해서 푸는 것보다 3~4번 풀고 난 후 비슷한 유형의 문제를 풀면 지루함을 방지할 수 있습니다.

초등학교 때부터 꾸준히 오답 풀이를 하면, 나중에 고등 수학 과정에서 어려운 문제를 만나도 포기하지 않고 끝까지 문제를 풀 수 있고, 지필평가나 수능에서도 실수를 줄일 수 있습니다.

오답 풀이를 꼼꼼하게 한다면 선행을 하더라도 진도가 엄청 빠르게 나갈 수 없습니다. 따라서 학원이나 과외 수업에서 진도가 너무 빠르다면 오답 풀이를 제대로 하고 있는지를 확인하는 게 좋겠습니다. 아이가 집에서 혼자 공부한다면 오답 풀이에 소홀해지지 않도록 살펴보는 게 필요합니다.

[심화]
수학 실력의 바로미터

왜 90점대에서 50점대로 추락했을까

전학을 온 이후 수학 실력이 떨어졌다는 중학생 아이를 만난 적이 있습니다. 아이는 예전 학교에서 2학기 중간과 기말고사 수학에서 90점대를 받았고, 수행평가까지 합해 종합 A등급을 받았다고 합니다. 3학년 1학기 때도 비슷한 성적이 나왔습니다. 그런데 집이 이사를 가게 돼 다른 학교로 전학을 갔고, 새로운 학교에서 치른 3학년 2학기 중간고사에서 분위기가 반전되었다고 합니다. 성적이 갑자기 곤두박질쳐서 50점을 턱걸이로 넘긴 것입니다. 부모는 속상해했고 잘 유지되던 성적이 왜 갑자기 반토막이 났는지 의아했습니다.

저는 예전 학교와 새로운 학교의 시험지를 꼼꼼하게 살펴보고 시험의 난이도에 차이가 있었음을 확인했습니다. 예전 학교 시험지에는 난이도가 낮은 문제들이 대부분이었습니다. 그런데 새로 전학 온 학교 시험은 그보다 난이도가 높았고, 3학년 전체 수학 평균이 60점 초반에 불과했습니다. 아이는 "이렇게 어려운 문제를 한 번도 풀어본 적이 없어요"라고 말했습니다. 1년간 쉬운 문제만 풀다가 갑자기 어려워진 난이도에 적응하지 못했던 것이었습니다.

이 같은 일은 제법 흔한 편입니다. 그럭저럭 나오던 수학 성적이 갑자기 곤두박질치는 경우 말입니다. 공부를 손 놓지 않고 꾸준히 해왔는데도 말이죠. 이는 심화 문제에 충분히 대비하지 못해서가 원인일 때가 많습니다. 쉬운 기본유형 위주로 문제풀이를 했다면 심화 문제를 상대하기가 어렵습니다.

심화 문제란 이름 그대로 문제의 깊이가 더 깊은 문제를 말합니다. 내체석으로 난이도가 높은 문제를 심화 문제라고 부르는데, 형태적으로는 기본유형에 비해 지문 길이가 길고 문제에서 주어진 조건을 활용하여 많은 사고를 해야 하는 문제입니다. 풀이과정도 길지요.

쉽게 풀기 어려운 심화 문제를 만들고 아이들에게 풀도록 하는 이유는, 수학적 사고력을 키우기 위함입니다. 어려운 문제를 만날수록 우리의 두뇌는 그걸 해결하기 위해 힘을 쓸 것이고, 그 과정에서 계산능력·이해능력·추론능력·문제해결능력과 같은 수학적 사고력이 향상될 수 있으니까요.

이 같은 심화 문제의 존재감을 가장 잘 보여주는 것이 고등학교 수학입니다. 고등학교 수학 심화 문제는 그동안 배웠던 수학의 다양한 개념과 이론이 유기적으로 연결돼 만들어진 것입니다. 문제 하나에 여러 개의 개념이 복잡하게 얽혀 있지요. 배웠던 개념들을 다 이해하고 자유롭게 적용하고 응용하는 능력이 뛰어날수록 고등 심화 문제를 잘 풀 수 있습니다.

시험에서 심화 문제가 존재하는 이유는 변별력을 확보하기 위해서입니다. 화제가 되었던 이른바 수능의 킬러 문제들이 심화 문제에 속합니다. 물론 교육부는 극강의 난이도를 자랑하는 킬러 문제들을 앞으로 수능에서 사라지게 하겠다고 발표했지만, 변별력을 유지할 수 있도록 (즉 제 역할을 하는 범위 내에서) 심화 문제는 앞으로도 존속될 것입니다.

심화 문제의 중요성은 중하위권 학생들보다 1~2개 차이로 만점이냐 아니냐가 갈리는 최상위권 학생들에게서 특히 부각됩니다. 그 1~2개의 문제가 심화 문제이니까요. 수리 1등급을 목표로 한다면 당연히 심화 문제를 잘 풀 수 있도록 노력해야 합니다.

그렇다면 최상위권 미만 학생들에게는 심화 문제가 중요하지 않을까요. 아닙니다. 누구에게라도 심화 문제는 중요합니다. 왜냐하면 심화 문제를 잘 푸는 것, 정확히 말해 심화 문제를 상대할 줄 아느냐의 여부는 수학 실력을 가늠하는 바로미터가 되기 때문입니다. 수학을 좋아하고 실력이 탄탄한 아이들은 심화 문제를 만났을 때 적극적으로 상대합니다. 풀이 방법을 찾기 위해 궁리하고, 시간이 조금 걸려도 답을 찾아내려고 노력합니다. 처음 생각한 방법대로 풀리지 않으면 다른 방법을 고민합니다. 안 풀린다고 피하지 않고 끝까지 매달리는 거죠.

반면에 수학을 좋아하지 않고 기본기가 약한 아이들은 심화 문제를 만나면 상대하기 어려워합니다. 문제를 어떻게 풀어야 할지 실마리를 찾기 힘들어하고, 금세 포기합니다. 아이들이 심화 문제를 푸는 과정을 지켜보면 수학의 기본기가 되어있는지, 어떤 부분이 약한 건지를 알 수 있습니다.

그래서 심화 문제를 푸는 건 수학 실력 향상에 있어서 매우 중요합니다. 아이가 풀기 싫어한다고, 너무 어려워한다고 포기해서는 안 되는 거죠. 기본유형을 그럭저럭 풀었지만 심화 문제를 잘 풀지 못하면 기초가 잘 다져지지 않았다는 의미입니다. 이럴 때는 백날 선행을 해도 앞으로 더 나아갈 수 없고, 상위권으로의 도약은 불가능합니다.

물론 기본기가 어느 정도 갖춰졌는데도 심화 문제가 낯설어서 잘 풀지 못하는 아이들도 있습니다. 심화 문제는 기본유형 문제에 비해 형태부터 다르고 깊이 있는 사고를 필요로 하므로 단박에 풀기가 어렵습니다. 이럴 때는 포기하지 말고 매일 꾸준히 노력하는 과정에 무게를 두면서 적응력을 높여가는 게 좋습니다.

위의 사례처럼 학교의 수학 시험이 쉬운 편이라 기본유형 위주로 문제풀이를 하는 아이들이 간혹 있습니다. 기본유형 문제를 비교적 잘 푼다면(90점대 이상) 조금 더 난이도를 높여서 응용과 심화 문제를 풀어볼 것을 권합니다. 아이들은 지금 눈앞에 있는 친구들과 경쟁하는 게 아니라 수능에서 전국의 아이들을 만날 것이기 때문에 그에 대비하려면 미리미리 난이도를 적절하게 조절해야 합니다.

학교 시험의 난이도에만 맞춘 학습은 내신 관리에도 좋지 않은 방법입니다. 아무리 문제를 쉽게 낸다고 정평이 나 있다고 해도 계속 그렇게 출제한다는 보장은 없으니까요. 학교는 아이들의 학습능력 향상을 위해 난이도를 조율하므로 쉬운 시험에 맞춰 학습하는 건 바람직하지 않습니다.

진도를 급하게 나가는 학원들 중에 심화가 아닌 기본유형 문제풀이를 주로 하는 곳들이 있습니다. 이런 학습에 길들여지면 시험 때 심화 문제를 놓치게 됩니다. 학원, 과외 무엇을 선택하든 간에 반드시 심화 문제를 상대할 수 있는 학습계획을 짜고 실천해야 합니다.

올바른 심화 학습법

심화 문제는 수학적 사고력 향상의 끝판왕이나 마찬가지입니다. 그런 만큼 심화 문제를 잘 풀어내는 능력은 오늘 하루 노력했다고 내일 마법처럼 생겨나는 게 아닙니다. 꾸준한 습관으로 조금씩 키워나가야 하지요. 수학적 사고력은 두뇌 능력에 대한 개념이지만, 마음의 힘과도 연관돼 있습니다. 초등 저학년 때부터 학습능력을 고려한 심화 문제를 꾸준히 풀었다면 나중에 가서도 '할 수 있다'는 자신감을 갖고 어려운 심화 문제에 도전할 수 있습니다.

일반적인 문제들보다 심화 문제를 푸는 건 어렵습니다. 그런데 아이들이 고통스러워할 정도로 난이도가 높거나 일부러 작심하고 고약하게 낸 듯한 문제는 피하는 게 좋습니다. 특히 초등 시기에 수학적 사고력과 무관하게, 마냥 난이도를 높이거나 꽈배기처럼 꼬아놓은 문제를 자꾸 접하면 자신감과 의욕을 잃어버릴 수 있습니다. 저는 초등 아이들에게 심화 문제를 풀도록 지도하고 있지만, 수학적 사고력 향상이라는 목표에 맞게 좀 더 깊이 있게 생각하게 하고 해법을 궁리하게 하는 문제들을 심화 학습에 활용하고 있습니다.

심화 문제집을 풀 때 주의해야 할 점 세 가지가 있습니다. **첫 번째는 반드시 맞혀야겠다는 생각을 버려야 한다는 것입니다.** 심화 문제를 푸는 목적은 수학적 사고력을 키우기 위한 것이므로, 단 한 문제라도 진지하게, 끝까지 풀어내려는 노력이 중요합니다. 아이는 이런 자신의 노력을 긍정적으로 평가받을 때 더욱 힘을 낼 것이고 계속하여 문제를 풀어내려고 할 것입니다.

반드시 맞혀야겠다는 생각을 버려야 하는 또 한 가지 이유는 심화 문제의 특성 때문입니다. 심화 문제들 중에는 선행을 했을 때 풀 수 있는 문제들이 있습니다. 즉 아이가 아직 배우지 않은 미래의 학습 영역이 심화에서 등장하는 것입니다. 예를 들어서 중학교 3학년 아이가 1학기에 인수분해를 처음 배웠는데, 고등학교 『수학(상)』에 등장하는 인수분해의 개념이 들어간 심화 문제를 만나면 풀기가 어렵습니다. 미래에 배워야 하는 개념이 현행 개념과 합해져 만들어진 심화 문제는 아이가 아무리 고민해도 풀기가 어렵습니다.

현행 학습 범위 내에서 난이도를 높인 문제라면 노력해서 풀 수 있으나, 배우지 않은 범위가 등장한다면 정답을 맞히고자 고민하는 게 무의미합니다. 정답을 맞히겠다고 씨름하기보다는 별표 표시를 해두고 넘어가도록 하고 나중에 선생님에게 질문하는 게 낫습니다. 배운 범위에다 개념을 확실히 이해하고 공식도 아는데 이상하게 문제가 풀리지 않는다면, 위에서 얘기한 미래의 학습 영역이 등장한 문제일 가능성이 높습니다. 이런 문제에서 선생님은 아이가 적어놓은 풀이내용을 보면서 어떤 개념 적용이 빠졌는지 짚어주고, 문제를 풀 수 있는 단서를 제시해주어야 합니다.

만약 혼자 가정학습할 때 아직 배우지 않은 개념이 포함된 심화 문제를 만났다면 해설지를 보고 풀이 방법을 살펴보도록 합니다. 심화 학습에서도 오답 풀이는 매우 중요합니다. 앞서 설명한 것처럼 오답을 반복해서 풀이해보고, 비슷한 유형의 문제를 풀어볼 것을 권합니다.

심화 문제집을 풀 때 주의할 점 두 번째는 많은 양의 문제를 풀려고 하지 말아야 한다는 것입니다. 수학을 잘하고 싶은 아이들은 눈앞의 모든 문제를 다 풀려고 합니다. 그러나 심화 문제는 말 그대로 보통의 문제들보다 난이도가 높아서 기본유형 문제풀이 때와 같은 분량을 풀려고 하면 질려버릴 것입니다. 일정량의 문제를 꾸준히 풀어냄으로써 실력을 키워나가는 게 수학이지만, 심화 문제에서의 양치기 학습은 더더욱 곤란합니다. 몇 문제를 풀었느냐보다는 한 문제를 어떤 마음가짐과 자세로 풀었는지가 중요한 만큼, 과도한 분량을 정하지 않도록 주의해야 합니다.

그런 차원에서 한 권의 문제집을 모두 풀지 않아도 됩니다. 필요한 만큼 선택해서 풀면 되지, 다 풀겠다는 목표를 세울 필요는 없습니다. 심화뿐 아니라 기본유형 문제풀이에서도 마찬가지입니다. 한 권을 사서 다 풀겠다는 목표를 세우기보다는, 학습능력에 맞춰서 필요한 부분을 골라서 푸는 게 좋습니다.

심화 문제집을 풀 때 주의할 점 세 번째는 같은 유형의 반복에 익숙해지지 않는 것입니다. 심화 문제집을 보면 패턴이 보이는 문제들이 나올 때가 있습니다. 수학을 어려워하는 아이라면 같은 유형의 문제가 반복되는 문제집을 통해 개념을 익히고 유형을 다질 수 있습니다. 그러나 실력이 잘 갖춰져 있고 최상위 수준의 학습을 원하는 아이라면, 패턴을 읽을 수 있는 문제들은 수학적 사고력을 키우는 데 도움이 되지 않으므로 패턴을 읽을 수 없는 심화 문제집을 선택할 것을 권합니다.

같은 차원에서 문제 앞부분에 정리된 내용을 미리 보지 말고 문제를 풀 것을 권합니다. 심화 문제집을 보면 문제 앞부분에 해당 문제에 어떤 개념과 공식이 적용됐는지를 정리한 내용이 있습니다. 사고력 향상을 위해서는 이걸 보지 말고 스스로 문제를 푸는 도전을 하는 게 필요합니다. 문제 앞부분 정리 내용은 심화에 처음 입문한 아이들을 위한 오프닝 가이드로서 입문자들이 심화 문제에 적응하기 위한 차원에서 활용해도 좋지만, 심화를 매우 잘하고 싶은 아이들은 가이드를 먼저 보기보다 스스로 풀어보는 도전을 할 것을 권합니다.

만약 아이가 처음 심화 문제를 풀면서 많이 힘들어한다면 잠시 문제집을 바꿔주는 게 좋습니다. 응용 문제를 풀거나, 난이도가 좀 더 낮은 심화 문제를 풀어보도록 함으로써 긴장을 풀어주는 거죠. 심화 문제 역시 난이도가 상중하로 나뉘어 있으므로 아이가 잘 푼다면 난이도를 높여도 되지만, 어려워하면 난이도를 낮춰서 적응할 수 있도록 도와줘야 합니다. 그런 변화 없이 제시된 문제를 계속 풀어야 한다고 압박하면, 수학 학습에 대한 거부감을 줄 수 있습니다.

심화 학습의 핵심 키워드, 수학적 사고력

고등학교 내내 수리 1등급과 전교 1등을 놓치지 않았던 아이가 있었습니다. 그야말로 수학 선생님들이 말하는 원리에 입각하여 공부한 아이였습니다. 교과서 위주로 개념을 철저하게 학습하고 문제를 꾸준히 풀면서 실력을 키워갔습니다. 세간에서 난이도가 최고라고 손꼽히는 심화 문제집을 골라 보지 않았고, 자기 실력보다 약간 더 높은 난이도의 문제를 풀면서 이렇게 저렇게 궁리하기를 즐겼습니다.

이 아이가 딱 한 번 고등학교 3학년 모의평가에서 전교 2등으로 밀려난 적이 있었습니다. 수학 문제 총 30개 중에서 30번 심화 문제를 풀다가 시간을 놓쳐서 OMR 카드에 마킹을 제대로 하지 못해 두 문제가 감점 처리되었기 때문입니다. 저는 아이가 1등 자리를 놓친 게 아쉬우면서도 심화 문제를 끝까지 붙들고 늘어졌던 뚝심을 칭찬해주었습니다. 자신이 그 문제를 풀기 위해 얼마나 여러 시도를 했는지 설명할 때 반짝였던 아이의 눈빛을 지금도 잊지 못합니다. 이후 아이는 자신이 목표했던 대학교에 입학했습니다.

저는 이 아이가 수학 학습의 의미 그리고 좀 더 좁혀서 심화 문제의 의미를 잘 보여주었다고 생각합니다. 우리 아이들이 수학에서 어려운 문제를 기꺼이 만나야 하는 이유는 수학적 사고력을 키우기 위함입니다. 어려운 문제를 능히 해결하는 사고력과 끈기는 앞으로 살아가는 데에도 큰 힘이 되어줄 것입니다.

선행을 위주로 두게 되면 심화 학습을 놓치기 쉽습니다. 물론 수학에서 선행은 필요합니다. 특히 중학교 1학년, 고등학교 1학년 등 수학의 난이도가 이전보다 올라가는 지점에서 아이들이 힘들어하므로, 이 어려움을 해소하기 위한 차원에서 선행을 하지 않을 수 없습니다. 중요한 건 반드시 심화와 오답 풀이를 하면서 현행을 해나가고, 아이가 이러한 현행을 잘 소화하면서 따라갈 수 있는 범위로 선행을 해야 한다는 점입니다.

그래서 '선행을 어느 정도까지 해야 하는가'에 대한 질문에 정답은 없습니다. 아이의 학습능력에 따른 개별 맞춤 학습계획이어야 하고, 획일적인 교재와 커리큘럼에 아이를 끼워 맞추다 보면 역효과가 난다는 점을 기억해야 합니다.

심화 학습법

- 개념+연산+기본유형+응용으로 기초를 튼튼히 한 후 시작할 것.
- 학습능력을 고려해 문제집의 난이도를 선택하되, 심화 문제에 단련되면 난이도를 1~2단계 높인 문제에 도전할 것(지나치게 복잡한 지문이나 꼬인 문제를 피할 것).
- 초등 때부터 매일 꾸준히 심화 문제를 풀고 오답 풀이도 병행할 것.
- 정답 맞히기에 연연하지 않을 것.
- 학습능력에 맞는 선에서 다양한 문제 유형을 풀어볼 것.
- 패턴이 읽혀지는 문제집을 피할 것.
- 많은 양의 문제를 풀려고 하기보다 한 문제라도 제대로 푸는 습관을 가질 것.
- 노력해도 풀리지 않으면 별표 표시를 해두고 선생님의 도움을 받거나 해설지를 살펴볼 것.
- 힘들면 난이도가 낮은 다른 문제집으로 바꿀 것.
- 풀이노트와 오답노트를 작성하는 습관을 들일 것.
- 현행 심화와 오답 풀이까지 잘 진행된다면 선행을 병행할 것.

[논·서술형]
적은 양이라도 한 글자씩 써보기

공포감을 극복할 수 있다면

　수학 시험에서 아이들이 많은 두려움을 느끼는 문제 유형이 논술형·서술형입니다. 논술형 문제는 자신이 어떻게 답을 도출해냈는지를 논리적으로 기술하는 문제이고, 서술형 문제는 풀이과정과 답을 함께 쓰는 문제입니다. 개념적으로 구분되지만 사실 비슷한 형태라서 논·서술형이라고 줄여 부릅니다. 참고로 문장제는 지문이 긴 문제이고, 논·서술형은 답을 도출한 과정을 체계적으로 적어야 하는 문제입니다. 논·서술형 문제 지문은 문장제일 때가 많지만, 문장제 문제 중에는 논·서술형 문제가 아닌 것들도 있습니다.
　논·서술형 문제는 심화 문제와 더불어 수학적 사고력(계산능력·이해능력·추론능력·문제해결능력)을 키우는 데 큰 도움이 되므로 비중이 상승하는 중입니다. 교육부는 "통상 지필고사에서 30% 정도 논·서술형 문항을 출제할 수 있는데 이 비율을 단계적으로 늘리고, 논·서술형만으로도 평가할 수 있도록 관련 지침을 개정할 예정"이라는 입장을 밝힌 바 있습니다[37]. 이는 고등학교에 해당하는 방침인데, 중학교에서도 논·서술형 비중을 무시할 수 없습니다. 중고 내신 평가에서 논·서술형이 차지하는 비율은 학교별·지역별로 차이가 있는데, 고등학교에서는 지필평가와 수행평가 모두에 논·서술형이 들어가는 경우가 많습니다. 논·서술형 수행평가 만점이 중간고사 100점과 같은 비중인 학교들도 있어서 논·서술형을 잘하는 것이 중요해졌습니다.

잘 모르더라도 객관식 문항이라면 찍어서 맞힐 수도 있지만, 주관식인 논·서술형은 찍기가 불가능합니다. 개념을 정확하게 이해하고 공식을 적용할 줄 알아야 문제를 풀 수 있습니다. 때문에 논·서술형은 심화와 마찬가지로 수학 실력이 잘 갖춰졌는지를 알아볼 수 있는 지표가 됩니다.

논·서술형 비중이 높아지고 있는 만큼 잘 풀어야 할 텐데요. 아이들이 논·서술형 문제에 두려움을 갖는 이유가 뭘까요. 가장 큰 장벽은 무엇을 어떻게 적어야 할지 모른다는 것입니다. 초등학교 3학년

---

37. 2025년부터 고교학점제 전면 시행…고1 내신 상대평가는 유지/연합뉴스/2023.06.21.

서술형 문제 예시로 살펴보겠습니다.

⟨초등 서술형 문제 예시⟩

민진이는 학교 수업을 마치면 발레학원에 가서 45분씩 발레를 합니다. 민진이가 8월 한 달 동안 하루도 빠지지 않고 발레를 한 시간은 모두 몇 분인지 풀이과정을 쓰고 답을 구해 보세요.

풀이과정 _____

_____

답 _____

만약 45 × 31의 답을 쓰라는 문제이고 아이가 두 자릿수 곱셈을 할 줄 안다면 쉽게 풀 것입니다. 그러나 이 문제는 문장제인 데다 답을 어떻게 도출해냈는지 그 풀이과정을 서술해야 합니다. 단순한 연산 문제를 풀다가 이런 문제 유형을 처음 접하면 아이는 풀이과정을 어떻게 써야 할지 첫 글자부터 막막할 것입니다. 당황하고 긴장이 되면 더 안 풀리겠지요. 애를 먹느라 아까운 시간을 다 써버려서 시험을 망치는 아이들이 많습니다.

이처럼 많은 아이들이 논·서술형 문제를 두려워하지만 생각보다 그렇게 두려운 존재가 아닙니다. (학교마다 차이가 있겠지만) 대체적으로 선생님들이 논·서술형 문제를 어렵게 출제하지 않는 편입니다. 초등학교 논·서술형 문제는 더욱 그렇고요. 위의 문제도 어떻게 풀었는지를 그대로 쓰면 됩니다. 모든 논·서술형 문제가 쉽다는 건 아니지만, 이처럼 난이도가 낮은 문제들도 논·서술형에 있다는 뜻입니다. 논·서술형 문제를 보고 덮어놓고 어렵다면서 뒷걸음질 칠 필요가 없는 거죠. 마음속 두려움을 극복하는 것이 논·서술형 문제를 잘 풀기 위한 첫걸음입니다.

풀이과정	민진이는 하루에 발레를 45분씩 합니다. 8월은 총 31일입니다.
	그러므로 45에 31을 곱하면 1395이 나옵니다.
	답은 1395분입니다.
답	1395분

논·서술형 학습은 심화와 마찬가지로 단계적으로 난이도를 높여가는 게 좋습니다. 처음엔 쉬운 문제풀이를 통해 심리적 장벽을 낮춰주고, 논리적인 흐름에 맞춰서 쓰는 훈련을 하는 데 중점을 두도록 합니다. 한 줄을 간신히 쓰던 아이들이 훈련이 거듭되면 두 줄, 세 줄 이상 쓸 수 있게 됩니다. 풀이내용이 늘어나는 걸 눈으로 확인하면서 자신감이 늘어납니다.

논·서술형에서 풀이노트와 오답노트 습관은 매우 중요합니다. 제가 만난 많은 어머니들이 자녀가 논·서술형 문제에서 좌절한다며 어려움을 토로하였습니다. 논·서술형 문제에 적응하지 못하는 건 일찍부터 풀이습관을 갖추지 못했기 때문입니다. 초등학교 저학년부터 풀이과정을 적는 습관을 키워가면 중고등학교에서 논·서술형 문제를 맞닥뜨렸을 때 당황하지 않고 잘 풀 수 있습니다.

    논·서술형 문제에 대한 두려움을 없애는 데에는 책읽기 습관이 도움이 됩니다. 논·서술형 문제를 두려워하는 아이들은 긴 지문을 읽고 내용을 이해하는 데 어려움을 느끼는 경우가 많은데요. 꾸준한 책읽기를 통해 긴 문장을 읽고 이해하는 습관을 키우고 자기 생각을 문장으로 표현하는 훈련을 한다면 두려움을 극복할 수 있습니다.

〈초등 6학년 서술형 문제와 풀이과정 예시〉

은서네 집에서 생산한 사과와 배의 양의 비는 9:4라고 합니다. 배의 생산량이 300㎏이라면 사과의 생산량은 몇 ㎏인지 풀이과정을 쓰고 답을 구하세요.

풀이과정 사과의 생산량을 □㎏이라고 비례식을 세우면 9:4=□:300입니다.
비례식에서 내항의 곱과 외항의 곱은 같으므로
4 × □ = 9 × 300
4 × □ = 2700
□ = 2700 ÷ 4
□ = 675
따라서 사과의 생산량은 675㎏입니다.
답 675㎏

수학 잘하는 환경은 따로 있습니다

논·서술형 만점을 위한 학습법

중고등학교 내신평가에서 논·서술형 문제의 배점은 꽤 높은 편입니다. 그래서 객관식을 다 맞혔다고 해도 논·서술형 문제 하나를 틀리면 점수차가 크게 납니다. 아이가 부여한 점수와 선생님이 채점한 점수가 다를 때가 많습니다. 답이 틀리고 제대로 된 풀이과정도 못 썼다면 0점 처리가 되겠지만, 답을 틀려도 채점 기준에 있는 풀이과정을 작성했다면 부분점수를 얻을 수 있습니다. 답을 맞혔어도 채점 기준에 있는 풀이과정을 작성하지 못했다면 역시 부분점수를 얻습니다. 논·서술형 채점 기준에서 답을 맞히는 것보다 풀이과정에 더 높은 부분점수를 주는 경우가 많은데, 이는 결과보다 과정의 중요성을 인정하는 과정 중심 평가의 일환입니다.

논·서술형 채점 기준은 학교별로 다르고, 같은 학교라도 학년마다 다릅니다. 또한 채점자가 누군지에 따라 풀이과정을 해석, 평가하는 게 다릅니다. 그러나 학교, 학년, 채점자를 막론하고 공통 적용된다고 판단되는 채점 기준이 있습니다. 답이 정확한지, 문제해결과정에서 수학의 개념·원리·법칙을 적절하게 활용했는지, 주어진 조건과 정보를 분석해 적절한 해결 전략을 탐색해서 해결했는지, 전체적인 기술내용에 완결성이 있는지 등입니다. 서술형에서는 개념·원리·법칙 등을 일목요연하게 잘 정리해야 하고, 논술형에서는 자신의 주장을 명확하게 제시하고 그에 타당한 수학적 근거를 논리정연하고 설득력 있게 구성하는 게 중요합니다. 이 같은 기준을 고려하여 논·서술형 학습을 해나간다면 감점 요소 없이 만점을 받을 수 있고, 논·서술형 때문에 수학 점수가 크게 낮아지는 비극을 피할 것입니다.

논·서술형 학습에 있어서 가장 중요한 건 꾸준함입니다. 당연한 말이지만 실천하기가 쉽지 않습니다. 초등학교 저학년 때부터 매일 10~20분을 할애해 1~2문제의 논·서술형 문제를 풀면서 매일 한 글자씩이라도 쓰는 습관을 들여야 합니다. 꾸준히 풀수록 두려움이 사라지고 완성도를 높일 수 있습니다.

논·서술형 문제집을 고를 땐 해설지의 풀이과정이 단계별로 정리된 형태인지를 살펴보는 게 좋습니다. 풀이과정이 긴 문장으로 나열된 해설지는 논·서술형 풀이과정을 쓰는 방법을 배우기가 어렵습니다. 단계별로 정리된 해설지가 논리적이고 완결성 있는 풀이과정을 쓰는 훈련을 하기에 더 적합합니다.

아이들에게 심리적 장벽이 있는 만큼 처음엔 지문이 이해하기 쉽고 간단하게 기술된 문제를 선택하고, 학습능력이 좋아지면 그에 따라 단계적으로 난이도를 높여갑니다. 지나치게 지문이 복잡하거나 꼬인 문제는 학습에 거부감을 줄 수 있으므로 피하도록 합니다.

부모나 선생님은 아이가 풀이과정을 쓰는 시도 자체를 칭찬해주어야 합니다. "글씨를 또박또박 잘 쓰는구나" "여기까지 개념을 이해했다는 것이 놀라워"와 같이 구체적인 말로 아이의 노력을 인정해주는 거죠. 그러면 아이는 두려움을 극복하고 문제를 풀어가면서 자신감과 성취감을 느낄 수 있을 것입니다.

처음 논·서술형 문제를 풀 때는 심화 학습과 마찬가지로 해설지를 보지 말고 혼자 해볼 것을 권합니다. 처음부터 해설지를 보게 되면 그대로 따라가게 되므로 자신의 풀이과정에 어떤 문제가 있는지 파악할 수 없습니다. 해설지를 덮어놓고 풀이과정을 기술한 다음 해설지와 비교하면서 어떤 점이 다른지를 비교해보도록 합니다. 앞서 언급했듯이 해설지를 통해 형식을 배우고, 문제를 풀 때마다 그 같은 형식을 적용할 수 있도록 합니다.

한 번은 해설지를 적으면서 논리정연한 글의 흐름을 익혀보는 건 좋겠지만, 핵심을 제대로 짚어가면서 쓰는 게 아니라면 베껴쓰는 연습이나 마찬가지입니다. 해설지의 내용을 수동적으로 쫓아가는 것, 선생님의 풀이과정을 눈으로 따라가는 것, 해설지를 암기하는 것은 지양해야 합니다.

논·서술형 문제를 풀 때는 해당 문제에 주어진 조건을 파악하고 어떤 개념이나 공식을 적용해 풀 것인지를 생각해야 하는데요. 앞서 예시 문제로 본다면 '은서네 집에서 생산한 사과와 배의 양의 비는

9:4'가 조건이 되겠습니다. 배가 300㎏일 때 사과의 무게를 구하는 것이므로, 비례식을 세워서 문제를 풀면 됩니다. 문제에 제시된 조건을 파악해야 그에 따른 해결방안을 생각해낼 수 있는 만큼, 지문을 읽으면서 중요 부분에 밑줄을 긋고 그에 맞는 개념과 공식을 떠올려 보도록 합니다.

논·서술형 문제를 풀다 보면 심화 학습 때와 마찬가지로 자신이 무엇을 모르는지를 확인하게 됩니다. 개념에의 이해, 공식 암기 등이 되어 있지 않다면 해당 부분을 다시 공부하도록 하고, 연산 실수가 잦은 편이라면 연산 훈련을 해야 합니다.

논·서술형 문제풀이에 익숙해지면 모의시험을 시행해볼 것을 권합니다. 타이머를 맞춰두고 한 문제를 푸는 데 몇 분 정도 걸리는지를 알아낸 다음 조금씩 시간을 줄여보는 것입니다. 난이도에 따라 풀이 시간이 얼마나 다른지도 알아보고요. 객관식보다 논·서술형 문제풀이에 더 많은 시간이 필요한 만큼 훈련을 해두면 실전에서 당황하지 않고 잘 해낼 것입니다.

논·서술형 학습법

- 초등 때부터 매일 논·서술형 문제를 꾸준히 풀 것.
- 쉬운 문제부터 시작해서 차츰 난이도를 높여갈 것.
- 단계별로 풀이과정을 정리한 해설지가 있는 문제집을 고를 것.
- 처음 문제를 풀 땐 해설지를 보지 말고 푼 다음 해설지와 비교해볼 것.
- 논·서술형 문제가 많이 어렵다면 해설지를 꼼꼼하게 읽으면서 기술 방법을 학습할 것.
- 지문을 읽을 때 의미 단위로 끊어서 밑줄 그으며 읽을 것.
- 풀이 시간을 줄일 수 있도록 훈련할 것(모의시험을 시행).
- 풀이노트와 오답노트를 작성하는 습관을 들일 것.

[프로젝트 수업]
수다스러운 아이가 인정받는다

재미있게, 흥미롭게 수학을 탐구하는 수업

프로젝트 수업이란 수행평가의 일환으로 진행되는 수업으로, 주어진 과제를 조사해서 발표하는 형태의 수업을 말합니다. 프로젝트 수업이라는 명칭 외에 탐구발표, 토론 발표 수업 등으로 부르기도 합니다.

앞서 언급했듯이 중고등학교 성적은 지필평가와 수행평가를 합해 평점을 매겨 나오는데, 과정 중심 평가 방침으로 인해 수행평가의 비중은 갈수록 높아지고 있습니다. 중고등학교 전 과목에 수행평가가 적용됩니다.

수학 수행평가의 경우 논·서술형 평가와, 제시된 과제에 대해 자료를 조사해 정리하고 발표하는 프로젝트 수업 평가로 나뉘어 진행됩니다. 프로젝트 수업 평가는 정해진 틀이 없어서 수업시간 발표 및 준비자료가 평가 대상이 될 수 있고, (발표 없이) 기록물 제출이 평가 대상이 될 수 있습니다. 학교별·지역별로 지필평가와 수행평가의 비율, 수행평가에서 논·서술형 평가와 프로젝트 수업의 비율은 차이가 있으므로, 우리 아이의 학교 정보가 알고 싶다면 학교 알리미 홈페이지(www.schoolinfo.go.kr)에서 확인할 것을 권합니다. 논·서술형 학습에 대해서는 바로 앞에서 다뤘으므로 여기서는 프로젝트 수업, 그중에서도 발표 프로젝트 수업에 좀 더 무게를 두고 설명하겠습니다.

프로젝트 수업은 쉽게 말해서 제시된 과제 주제를 아이가 조사하여 자기주장과 그에 따른 근거를 정리하면서, 준비 과정과 결과를 평가하는 것입니다. 주입식·수동적 교육을 탈피하고 아이들이 학습에 재미를 느끼고 능동적으로 참여하게 하는 것이 이 수업의 묘미이죠. 대개 1학기에는 4~6월, 2학기에는 9~11월 중 프로젝트 수업이 진행되는데 학교별 차이가 있습니다.

2022 개정 교육과정에 의하면 "프로젝트 평가는 학생 스스로 특정 주제나 과제를 탐구하고 해결하기 위해 계획을 수립하고 수행하는 과정과 그 결과물을 평가하는 방안"입니다. 2022 개정 교육과정

〈중등 수학 프로젝트 수업 예시〉

과제 : 우리 농산물의 소비를 높이기 위한 방법

1. 과제를 어떻게 해결할 것인지 아이들과 상의하기

2. 필요한 자료를 조사하기
 -매년 국내 농산물 소비량 통계자료 찾기
 -매년 농산물 수입량 통계자료 찾기
 -농수산식품부 홈페이지에서 관련 자료 찾기

3. 아이들과 결론 도출을 위한 토론하기

4. 결론 도출 및 발표 자료 정리하기

우리 농산물의 소비를 높이기 위한 방법
 -스마트팜, 친환경 농산물 등 우수 기술로 만들어진 농산물 홍보
 -농산물을 원료로 한 가공식품 개발
 -복잡한 유통 구조 개선(생산지와 소비지의 직거래 할 수 있는 플랫폼 개발)

발표 자료 정리하기(PPT)
 -국내 농산물 소비량, 해외 농산물 수입량 그래프 만들기
 -농산물 원료 가공식품 소비량 증가 그래프 만들기
 -우수 농산물 홍보 동영상 만들기

의 지향점이 "깊이 있는 학습, 교과 간 연계와 통합, 삶과 연계한 학습, 학습과정에 대한 성찰"인데요. 모두 프로젝트 수업에서 구현되어야 하는 이슈들입니다.

 수학 프로젝트 수업은 수학적 사고력에 표현력까지 키울 수 있다

는 장점이 있습니다. 고등학생들은 학생부종합전형 때문에 잘 수행해야 하는 수업입니다. 집에서 과제를 해와서 평가받는 과제형 수행평가가 금지됐다고 하지만, 여전히 신경 써야 할 게 있습니다.

프로젝트 수업 평가 방법은 학교 및 학년마다 다릅니다. 선생님이 단원별 성취기준, 평가요소, 평가방법 등을 분석해 출제계획표를 작성하고, 과제와 채점 기준을 개발하며, 이를 바탕으로 평가를 실시합니다. 평가 내용은 학교생활기록부(생기부)의 '세부능력 및 특기사항(세특)'에 기재되는데요. 결과물보다는 과정에 더 큰 의미를 두고(과정 중심 평가), 선생님의 관찰 내용 외에 자기평가·동료평가·관찰 및 기록 평가 등이 들어갈 수 있습니다.

선생님이 평가 결과를 분석하고 아이들에게 피드백한 다음에 평가 결과가 처리됩니다. 프로젝트 수업에서 좋은 평가를 받고 싶다면 학기 초에 학교 알리미 사이트 및 학교 홈페이지에 공개되는 학년별 교과 진도 운영 계획·평가 계획을 참고할 것을 권합니다.

수학 실력에 적극성과 수다력을 더하면

발표 프로젝트 수업에서는 어떻게 해야 좋은 평가를 받을 수 있을까요. 이 수업은 주로 모둠별로 진행됩니다. 선생님이 과제 주제를 제시하면 아이들이 모여서 무엇을 조사할지, 어떤 것에 수학적 개념과 법칙을 적용할지, 발표자료를 어떻게 준비할지 등을 소통합니다. 각자 역할 분담한 대로 준비가 끝나면 발표자가 나와서 발표합니다. 주장과 근거를 글과 시각자료로 표현하고 논리적인 언어로 풀어내야 합니다. 주장에 합당한 근거를 댔는가, 이를 타인이 이해할 수 있는 방식으로 잘 표현해냈는가, 주장하는 표현이 두루뭉술하거나 제대로 된 근거 없이 주장만 있는가 등이 평가될 것입니다.

내용 면에서는 무엇보다 자기주장이 들어가 있어야 하고, 자료에서 수학 개념과 원리, 법칙이 적용되어야 합니다. 한다. 인터넷에서 본 자료를 그냥 베꼈거나 유명인의 이야기를 그대로 따라해봐야 선생님이 금방 눈치챌 것입니다. 수학 프로젝트 수업의 목적은 수학적 근거를 들어서 자기 생각을 펼치는 것이므로 이 목적에 맞아야 좋은 점수를 얻을 수 있습니다.

발표 프로젝트 수업에서 가장 주목을 받는 것은 아무래도 발표자입니다. 그런 만큼 발표자가 좋은 평가를 받을 가능성이 높습니다. 자료만 찾거나 토론에서는 입 한 번 떼기를 힘들어하고 발표를 자꾸 다른 친구에게 미룬다면 평가에서 불리해집니다. 선생님은 아이들이 과제를 해결하는 과정을 주의 깊게 관찰하므로 친구들끼리 토론할 때에도 주도적이고 적극적인 모습으로 참여해야 합니다. 수학 실력에 적극성 그리고 앞서 언급했던 수다력까지 더해졌을 때 프로젝트 수업에서 유리한 고지를 점할 수 있습니다.

과거에는 조용히 문제를 잘 푸는 아이들이 수학 영재들로 대접받았다면 이제는 여러 사람들과 협력하여 수학적 개념과 법칙, 원리를 적용해 공통 과제를 해결해내는 능력이 있는 사람이 수학 영재로 대접받습니다. 그래서 우리 아이의 학습능력뿐 아니라 표현능력을 키우는 것도 소홀히 하면 안 되는 것입니다. 프로젝트 수업은 표현력을 키우고 연습하는 좋은 무대가 될 수 있습니다.

앞서 언급했듯이 수다력은 여러 대학들이 원하는 능력입니다. 대입에서 면접으로 최종 합격자가 결정되는데, 자기소개서가 폐지되고 학교생활기록부 내용이 대폭 축소된 만큼 면접이 중요해졌습니다. 면접에서 유리한 사람은 자기 생각과 지식을 논리정연하게 잘 표현할 줄 아는 사람입니다. 대학들은 어려운 문제를 잘 해결하기만 하는 사람이 아니라, 해당 문제에 대한 자기 생각이 무엇이고 문제 해결을 위해 어떻게 협력해야 하는지를 말할 줄 아는 사람을 뽑고 싶어 합니다. 아무리 수학 실력이 뛰어나다고 해도 이를 표현할 능력이 없다면 상대방은 아이가 인재라는 사실을 알아보지 못할 것입니다. 문제 해결을 위해 다수와 협력할 수도 없게 됩니다. 그래서 제가 수다력이라고 부르는 표현력이 중요합니다.

적극적인 태도와 수다력은 하루아침에 키울 수 있는 능력이 아닌

만큼, 아이가 어릴 때부터 훈련하는 게 좋습니다. 책을 읽고 느낀 점을 말과 글로 표현하고, 일상생활 속에서 궁금함을 느끼는 것들을 부모와 대화하는 것입니다. 아이가 문제의식을 느끼는 주제가 있다면 책과 인터넷에서 자료를 찾아서 해법을 고민해보라고 지도하고요.

만약 아이가 수줍음이 많고 남 앞에 나서기를 조심스러워하는 성격이라면 발표 훈련을 할 필요가 있습니다. 모의 프로젝트 수업을 통해 논리적이고 설득력 있게 말하는 훈련을 할 것을 권합니다. 혼자서 할 수도 있지만, 마음이 맞는 친구들과 소그룹을 만든다면 더 좋은 효과를 볼 수 있을 것입니다.

시선집중

우리 아이 학습능력에 맞는
교재 구성법(초등~고등)

시중에 나가보면 정말 많은 교재를 볼 수 있습니다. 이중에서 우리 아이의 수학 능력을 키워줄 수 있는 교재를 찾아내는 것은 쉬운 일은 아닌 듯합니다. 기본적인 교재 구성을 설명하고, 학년과 학습능력에 맞춰 변형하는 방법을 설명하겠습니다.

기본적이 교재 구성은 초등~고등에 이르기까지 동일하다고 보면 되는데, '개념, 연산, 단계별 심화, 논·서술형'입니다. 이를 기본으로 하고, 초중고 구분 및 학습능력에 따라서 경시(초등), 고등 선행(중등), 수능 기출 단계(고등)의 문제집을 배치합니다.

사실 학문적으로 심화 문제의 정의가 분명하게 내려진 건 아닙니다. 심화 문제라는 표식을 달고 있는 문제들이 있고 그런 문제들을 모아놓은 문제집도 있지만, 무엇을 심화 문제로 볼 것인지는 알쏭달쏭합니다. 같은 맥락에서 응용 문제와 심화 문제의 경계도 애매합니다. 대개 많은 수학 전문가들이 기본유형 문제를 풀고 나서 응용을 거쳐 심화 문제로 넘어가야 한다고 설명하는데, 아이들 입장에서는 기본유형을 벗어나면서부터 문제의 난이도가 올라가므로 응용이나 심화 모두 어렵게 느껴집니다.

그래서 저는 교재를 구성할 때 기본유형과 응용, 심화를 한 묶음으로 보고 '단계별 심화'라고 부릅니다. 학습능력에 따라서 난이도를 조정하여 풀어야 하는 문제들이기에 이렇게 이름을 붙인 것입니다.

> **초중고 수학 교재 구성**
> - 초등 : 개념, 연산, 단계별 심화(기본유형+응용+심화), 논·서술형, 경시
> - 중등 : 개념, 연산, 단계별 심화(기본유형+응용+심화), 논·서술형, 고등 선행
> - 고등 : 개념, 연산, 단계별 심화(기본유형+응용+심화), 논·서술형, 수능 기출

시중에 나와 있는 교재를 선택하여 아이의 학습능력에 맞춰 교재를 분권 처리해서 새롭게 구성하는 게 가장 이상적이지만, 이것이 부담스럽다면 학습능력에 최대한 맞춰서 교재를 선택해 구성하도록 합니다. 전체 학습 시간을 잘 나눠서 단계별 교재를 골고루 학습해야 합니다. 초등학생의 경우 한 교재별로 15~20분 학습하고, 중학생부터는 좀 더 시간을 늘려서 20~30분 정도로 잡습니다.

수학을 어려워하는 아이라면 '개념+연산+기본유형+논·서술형'의 4단계로, 기초를 잘 쌓아서 실력이 늘어간다면 '개념+연산+응용

+논·서술형'이나 '개념+연산+(응용)+심화+논·서술형'의 4~5단계로 구성합니다. 초등의 경우 현행 심화까지 완벽하게 소화하는 최상위권에 한해 경시를 학습하면 됩니다. 중등은 현행을 심화까지 탄탄히 다졌다면 고등 선행을 시작합니다. 고1은 현행을 중점적으로 학습하고, 고2에서는 현행을 심화까지 학습한 후에 수능 기출 문제에 도전합니다.

또한 학습결손이 발견된 경우 심화나 논·서술형 학습을 진행하지 말고, 현행에서 개념과 연산 학습을 진행하면서 결손된 학습내용을 찾아서 복습(개념+연산)하여 기초를 튼튼하게 다지도록 합니다.

초중고 모든 단계에서 연산을 넣은 이유는 문제를 정확하고 빠르게 푸는 훈련을 꾸준히 해야 하기 때문입니다. 개념을 정확하게 익혔더라도 연산에서 실수가 있으면 문제를 맞힐 수 없으니까요. 초등 수학에서는 연산의 중요성이 강조되는 편입니다. 초등 수학의 약 70%가 '수와 연산'이라 할 수 있습니다. 계산을 정확하고 빠르게 해내는 건 수학의 기초능력인 만큼 연산력을 잘 다질 수 있도록 합니다. 연산을 잘한다고 수학을 잘하게 되는 건 아니지만, 수학을 잘하는 아이는 연산을 잘합니다. 중고등에서는 수능 대비 차원에서 문제를 정확하고 빠르게 푸는 훈련을 해야 합니다.

현행과 선행의 조합은, 우리 아이가 현행의 심화까지 잘 소화할

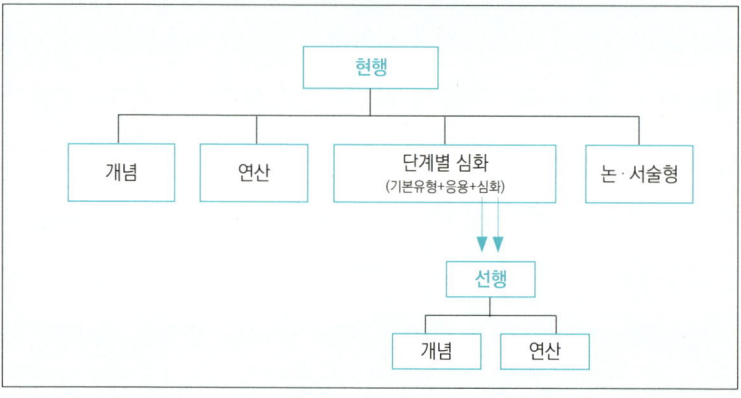

때 고려해야 합니다. 최상위권 단계 학습을 기초 단계의 아이에게 끼워 맞추면 절대 안 되고, 학습능력에 맞춰서 진도를 정하고, 교재의 난이도를 정하는 게 원칙입니다.

초중고 모두 현행에서 개념, 연산, 단계별 심화, 논·서술형까지 탄탄하게 소화하고, 선행에서는 개념과 연산 학습을 기본으로 하여 부담을 줄이는 게 좋습니다. 현행과 선행 모두에서 심화와 논·서술형 진도를 나가면 학습 분량이 너무 많아져 아이에게 무리가 됩니다.

초등 때는 (4학년까지는) 선행이 큰 의미가 없습니다. 현행 위주로 하다가 초6에 중1 선행을 시작해도 늦지 않습니다. 중등에서는 고등 선행을 꼭 시작해야 합니다. 사실 고등 수학은 굉장히 방대해서 중등 때 고등 선행을 하지 않았다면 고1 때부터 현행만으로 실력을 쌓기에 역부족입니다. 고등 수학에 대비하려면 초등 때부터 선행을 조금씩 하되, 중등 때 고등 선행 진도를 잘 나가야 합니다.

초등 최상위권의 경우 빠르면 초5 때부터 선행을 합니다. 초5 때 초5 현행+초6~중1 선행, 초6 때 초6 현행+중1~중2 선행까지 합니다. 그다음 중1 때 중1 현행+중2~중3 선행, 중2 때 중2 현행+중3~고1 선행, 중3 때 중3 현행+고1~고2 선행을 합니다.

초등 고학년 때부터 이렇게 선행 진도를 나가면 고등 수학의 부담을 많이 줄일 수 있습니다. 단, 이는 현행의 심화와 논·서술형을 완벽하게 소화하는 최상위권 단계의 선행 예시일 뿐입니다. 아이가 잘 소화한다면 1학년 이상 선행할 수 있겠지만, 그렇지 못할 때는 무리한 학습계획을 짜서는 안 됩니다.

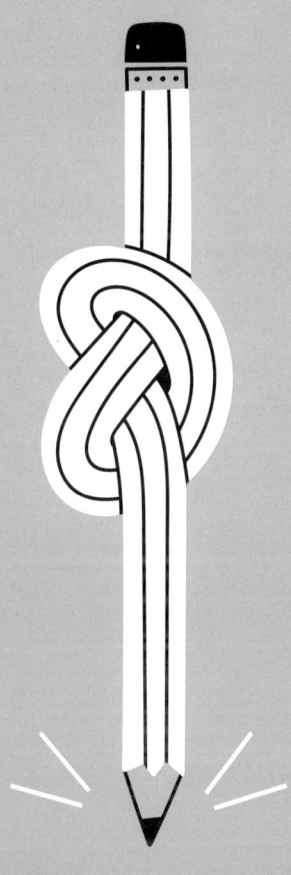

4장

미취학~고3까지 수학 학습 전략

 MATH

[미취학]
"나는 뭐든 잘하는 아이"라는 확신 심어주기

일상 속에서 자연스럽게 수 개념 터득하기

"하늘에 별이 몇 개 떠 있나 세어볼까? 하나, 둘, 셋, 넷…."

저는 아이들을 2~3세 터울로 낳았기에 시간적 여유가 별로 없었습니다. 그럼에도 짬이 날 때마다 아이들을 데리고 근교에 캠핑을 떠났습니다. 까만 하늘을 바라보면서 아이들과 별을 세던 추억이 지금도 마음 한구석을 따뜻하게 해줍니다.

미취학 시기에는 학습이라고 이름을 붙일 만한 걸 굳이 할 필요가 없습니다. 학습보다는 책읽기를 꾸준히 하면서 함께 수다를 떠는 게 좋습니다. 가장 중요한 건 부모가 아이들과 함께 시간을 보내는 것입니다. 엄마, 아빠와 함께 보냈던 시간들은 아이들이 앞으로 살아가는

데 큰 힘이 되어줄 겁니다. 힘든 일이 있을 때마다 꺼내 보면서 자신이 얼마나 사랑받았고 소중한 존재인지를 상기하게 될 테니까요.

　수학 학습 역시 아이들이 어릴 땐 '즐거운 체험'을 한다는 차원에서 수학을 경험하게 해줄 것을 권하고 싶습니다. 일상 속에서 수에 대한 감각을 자연스레 익힐 수 있는 환경을 조성하는 것입니다. 위에서 얘기한 것처럼 여행을 떠난 곳에서 별의 숫자를 세보거나, 마트에 가서 장을 보면서 카트에 담은 상품의 개수를 세는 식으로 말이지요. 저는 일하는 엄마로서 아이들과 함께할 시간이 턱없이 부족했기에 주말에 장을 볼 때 되도록 아이들을 데려가려고 했습니다. 같이 있고 싶어서였지만, 마트가 세상 구경을 시켜주기에 좋은 장소라는 생각도 했습니다. 아이들은 저마다 사고 싶은 식자재를 담았고, 그 숫자를 셈했으며, 직접 값을 치르면서 수 개념과 경제의 기본을 경험하였습니다.

　아이가 수학을 책 안에서만 존재하는 학문이라고 느낀다면 수학적 감각과 능력을 키우기가 쉽지 않을 것입니다. 죽어 있는 지식이 아이에게 재미를 줄 리 만무합니다. 우리 생활 곳곳에 스며들어 있는 수학의 개념을 체험시켜주면 아이는 재미를 느껴서 좀 더 탐구하고 싶다는 의욕을 스스로 느낄 수 있을 것입니다.

　일상 속 수학의 개념을 체험하는 건 어려운 일이 아닙니다. 마트나 여행지에서도 가능하고요. 갖고 놀았던 장난감을 정리하면서 숫자를 셀 수 있고, 손에 든 과자 봉지에 담긴 과자 개수를 셀 수 있고, 주차장에 드나드는 차를 보고 더하거나 빼기를 할 수 있습니다. 친구들과 놀다가 새로운 친구가 더 오면 덧셈을 해보고, 놀던 친구 한 명이 집으로 돌아가면 뺄셈을 해보는 겁니다. 눈에 보이는 갖가지 상황에서 수 개념을 대입해 보면 그게 곧 학습이 됩니다. 굳이 학습지를 갖다 놓고 풀지 않아도 충분히 공부가 됩니다.

일상 속 수학 체험에 과한 부담을 가질 필요는 전혀 없습니다. 아이가 호기심을 느낄 수 있도록 자연스럽게 접근하는 게 중요하고, 잘 호응하지 않는데도 좀 더 해보자고 억지로 강요하는 것은 금물입니다.

수학 영재의 부모는 이렇게 말한다

만약 수학 영재를 키우는 부모들에게 "어떻게 하면 우리 아이가 수학을 잘하게 할 수 있을까요?"라고 질문한다면 어떤 답이 나올까요. 어떤 분들은 아이가 수학적 재능을 타고 나서 부모로서 노력한 건 별로 없다고 답할지도 모릅니다. 우리는 경험적으로 이 세상엔 타고난 재능 덕분에 남들보다 월등한 능력을 발휘하는 이들이 존재한다는 사실을 알고 있습니다.

그런데 수학적 재능을 타고나지 않았어도 수학을 좋아하고 잘하는 아이들을 얼마든지 찾아볼 수 있습니다. 어릴 때부터 수 개념을 재미있게 터득하고 자기주도적으로 생활한 아이들 말입니다. 부모는 아이들의 호기심과 지적 욕구를 적절하게 자극하여 스스로 학습하도록 유도할 뿐, 부모 자신의 목표와 계획을 강요하지 않습니다. 아이들은 타고난 수학적 재능이 없어도 후천적인 환경과 노력의 결과로 비범함을 획득합니다.

아이의 호기심과 지적 욕구를 자극하는 데 있어 가장 중요한 것이 부모의 언어입니다. 수학을 좋아하는 아이들의 부모들은 언어가 남다릅니다. 긍정적이고 아이를 인정해주는 언어를 많이 사용합니다. 흡사 배우가 연기를 하듯이 아이에게 감정 표현을 잘하지요.

저는 아이들을 키울 때 그야말로 배우와 다르지 않았습니다. 목소리는 '솔' 톤을 유지하고 눈을 동그랗게 뜨면서 놀란 표정을 지었다가 함박웃음을 터뜨리고 아이를 쓰다듬고 안아주는 등 감정 표현을 해주기 위해 최선을 다했습니다.

"세상에, 이걸 어떻게 풀었어? 이 문제는 여덟 살 형님들이 풀 수 있는 문제야. 정말 대단하다. 최고야!"

앞서 언급했듯 저는 수학 강사로서 제 아이를 수학을 잘하는 아이로 키우겠다는 목표를 가지고 있었습니다. 그 목표를 실현하기 위한

계획 1단계는 아이가 무엇을 해도 칭찬을 쏟아붓는 것이었습니다. 글자를 하나만 써도 감탄했고, "하나, 둘, 셋, 다섯, 일곱…"이라며 숫자를 건너뛰며 세어도 무조건 잘한다고 말해주었지요.

예닐곱 살 때는 쉽고 재미있게 구성된 학습지를 풀게 했는데, 학습지 문제의 난이도는 정말 별게 아니었습니다. 그림 속 사탕이 몇 개인지 세거나, 지문에 제시된 연필 숫자만큼 동그라미를 색칠하면 되는 문제였죠. 아주 쉬운 문제를 푸는 아이를 보고 저는 감탄을 금치 못했습니다. 아이가 제 칭찬을 듣고 스스로를 정말 특별한 존재라고 여기기를 바랐으니까요. 아이가 초등학교에 입학해서도 이런 칭찬 기조를 계속 이어갔습니다.

"열 살 형님이 풀 수 있는 문제인데, 우리 아들은 정말 수학 박사님이가 봐."

아이는 오랫동안 반복되는 엄마의 말을 점차 믿기 시작했습니다. 신이 나서 더 문제를 풀어나갔습니다. 쉬운 문제이니 잘 맞혔죠. 맞혔다는 표시로 동그라미를 크게 그려주면서 칭찬을 한바탕 곁들이면 아이의 얼굴은 자랑스러움과 성취감으로 빛났습니다. 이러한 성공 경험을 통해 '나는 정말 수학을 잘하는 아이, 특별한 아이'라는 마음이 싹트기 시작했습니다. 아이는 부모가 시키지 않아도 스스로 문제를 풀려고 노력했습니다. 말이 씨가 된다는 속담처럼 '오버 액션'이 었던 제 말은 현실이 되어갔습니다.

이렇듯 부모의 칭찬은 아이의 자신감과 성취감을 키워주고, 이는 수학 학습에의 의욕으로 연결됩니다. 의욕은 노력의 원동력이 되고 성과를 낳습니다. 성과는 다시 성취감으로 이어지고요. 그야말로 선순환이 되는 것입니다.

부모가 칭찬을 많이 하면 아이 역시 신이 나서 말하게 됩니다. 재미있는 것, 좋아하는 것, 궁금한 것 등등 온갖 얘깃거리가 입에서 쏟아져 나오지요. 제가 많은 어머니들과 대화를 나누었는데, 수학을 잘하는 아이를 키운 어머니들 중 혼자서 얘기했던 분은 없었습니다. 아이가 수다를 떨면 어머니도 그에 못지않게 말했고, 아이의 행동에 대한 긍정적인 피드백과 칭찬을 해주었습니다. 일상 속 수학 개념에 대해 부모와 긍정적인 상호작용이 잘 이뤄질수록 아이는 수학을 좋아하게 되고 도전하게 됩니다.

하루 최대 10분을 넘기지 않는다

학업에 대한 부모의 과한 욕심은 자칫 역효과를 낳을 수 있습니다. 특히 아이가 어릴수록 더 그렇지요. 미취학 아동의 집중력은 짧기 때문에 학습시간을 5~10분으로 설정하는 게 좋습니다. 저는 첫째 아이가 6~7세 때 수학 학습지를 풀게 했는데, 이때 소요시간이 10분을 넘기지 않았습니다. 책읽기도 한 번에 긴 시간을 읽히지 않고 10분 전후로 하였습니다. 놀이를 하는 사이 사이에 학습활동을 넣어서 아이가 지루하거나 흥미를 잃지 않도록 주의하였습니다.

학습지의 난이도는 놀이처럼 풀어볼 수 있도록 쉬운 수준이어야 합니다. 어려운 걸 풀게 하겠다고 욕심을 부려서는 안 됩니다. 앞서 언급했듯이 학습지를 아예 하지 않아도 되고, 생활 속에서 수학 개념을 익히는 것만으로도 충분합니다.

만약 학습지를 푼다고 가정하면, 아이 홀로 집중하도록 해야 합니다. 2, 3분이라도 아이가 홀로 집중해서 문제를 풀어내면 "정말 멋져" "대단해"와 같은 말들로 칭찬해주세요. 답을 맞히지 못해도 아이가 책상 앞에 앉아서 문제를 풀기 위해 시도했다는 자체를 격려해야 합니다.

[초등기]
자신감과 성취감을 차곡차곡 쌓아올린다

교과서 위주 학습, 쉬운 문제부터 단계별로 올라가기

아이들이 초등학교에 올라오면 정식으로 공부, 학습이란 개념을 맞닥뜨립니다. 아이를 명문대학에 진학시키고픈 어머니들은 초등학교 때부터 바짝 고삐를 죄어 공부를 시키려 하지만, 처음부터 그럴 필요가 없습니다.

대입을 최종 목표로 한 학습은 장장 12년에 걸쳐 이어지는 긴 여정입니다. 시작단계에서는 첫 테이프를 끊었다는 자체에 의미를 두고 부담 없이 가보고, 익숙해지면 차근차근 단계를 올리는 식으로 계획을 짜면 됩니다. 세간에 '대치동 학습법'이라는 이름으로 상당히 빡빡한 학업 스케줄이 떠돌고, 여러 개의 학원을 나눠 다니는 아이들이 많은데요. 막상 수학 전문가들은 "초등학교 아이들에게는 수학을 충분히 체험해보고 좋아할 기회를 주는 것만으로 충분하다"고 강조한다는 점을 기억해야 합니다. 수학을 공부하되 즐거운 학습 경험을 많이 쌓아주어야 수학에 관심과 흥미를 유지해나갈 수 있습니다. 아울러 학습 습관을 올바로 갖추고, 부모가 아닌 아이 스스로 주도하여 학습할 수 있도록 합니다.

초등학교 저학년(1~2학년) 때는 수학에 대한 호감을 키우는 게 가장 중요합니다. 저는 아이가 수학을 좋아하게 만들 수 있는 최초의 시기를 '미취학부터 초등학교 저학년까지'라고 생각합니다. 이때는 문제집을 파고드는 것보다 일상생활 속에서 수학 개념을 찾아내고 수학에 재미와 흥미를 느끼는 게 좋습니다. 수학에 호감이 생기면 탐구하고픈 마음이 더 생깁니다. 반대로 강압적으로 학습하면 거부감이 커집니다.

일상생활 속 수학 탐구와 아울러 기본 수 개념과 사칙연산을 익히면 됩니다. 학교에서 배우는 진도를 충실하게 따르는 것입니다. 초등 저학년 때는 현행을 착실하게 학습하면서 심화와 논·서술형, 문장제 문제를 하루 1~2개 정도 풀면서 풀이과정을 쓰는 훈련을 할 것을 권합니다. 그렇게 하면 심화, 논·서술형, 문장제 문제에 대한 두려움을 극복할 수 있습니다.

아이들이 어릴 땐 늦은 시간까지 학습하는 걸 권장하지 않습니다.

아이들의 에너지가 많이 떨어지고 어머니들 역시 피로도가 있는 시간이기 때문입니다. 낮 동안 학원 등에서 공부하고 나면 밤에는 부모와 함께 편안하고 즐겁게 보내는 게 학습이나 정서 면에서 바람직하다고 생각합니다.

초등학교 중학년(3~4학년) 때는 수학 학습의 난이도가 올라갑니다. 학습량이나 수준이 점프하는데요. 비교적 쉬웠던 수 개념과 사칙연산을 넘어서 분수와 소수·도형·규칙 찾기·각도·그래프 등 한 차원 높은 개념이 줄줄이 등장합니다. 우리나라 4학년 수학 교과 내용을 싱가포르, 독일, 영국, 핀란드 등 국가에서는 4~6학년에 배울 정도이므로 난이도가 높다고 할 만하지요[38]. 그래서 아이들 입에서 "수학 공부하기 싫다" "어렵다"는 소리가 쏟아지기 시작합니다. 만약 아이가 집에서 가정학습을 하고 있다면 한계를 느낄 수 있습니다. 예를 들어서 3학년 1학기의 '분수' 단원에서 아이들은 이때껏 한 번도 만나보지 못했던 1/3, 1/4과 같은 숫자를 만나게 됩니다. 게다가 숫자가 클수록 큰 수라고 알고 있었는데, 분수는 분모의 숫자가 클수록 작은 수라고 하니까 혼란스러울 수밖에 없습니다.

초등학교 4학년 1학기에 등장하는 '평면도형의 이동' 단원의 경

---

38. 교과서 혁명/EBS 다큐멘터리.

우, 아이들이 고전하는 대표주자인데요. 어머니들도 어떻게 도형의 이동을 이해시킬 수 있는지 고민이 많습니다. 인터넷에 검색해보면 이 단원 문제를 어떻게 풀어야 하는지를 설명하는 영상들이 많이 있습니다. 종이에 도형을 그리고 잘라서 이동을 시키는 연습을 시작으로 감각을 익히는 게 좋고요. 이후에는 직접 그리지 않고 머릿속에서 도형을 돌리고 뒤집을 수 있도록 문제를 통해 공간 감각을 익히는 연습을 꾸준히 하는 게 필요합니다.

이처럼 아이들이 어려워하는 단원들이 많은데, 이때의 수학 개념을 이해하지 못하고 그냥 넘어가면 이후 학습에서 이해가 안 되는 부분이 계속 늘어나게 됩니다. 이해하지 못한 내용이 쌓이고 쌓여서 한계점에 이르면 학습을 포기하게 될 것입니다. 그래서 이해가 안 가는 단원이 있다면 반드시 제대로 학습하고 넘어가야 합니다. 학교에서 배운 것을 반드시 복습하는 습관을 갖습니다. 초등학교 수학은 교과서를 위주로 학습해도 충분한데, 교과서의 설명 방식이 어렵다고 느낀다면 쉬운 개념 교재를 선택해 학습할 것을 권합니다.

초등학교 3학년이 되면 아이를 학원을 보내야 할지 말아야 할지를 고민하는 어머니들이 있습니다. 미취학에서 초등 2학년 때까지 집에서 가르치다가 학습 난이도 증가 등으로 힘들어지기 때문인데요. 아이를 가르치면서 평정심을 유지하기가 쉽지 않다는 문제도 있지요. 학원, 과외 중 무엇을 선택하든지 간에 아이의 학습능력을 고려해 1:1 개별 맞춤 수업을 진행할 수 있는 선생님을 찾는 것, 아이 홀로 몰두해서 문제를 푸는 시간을 학습계획에 포함시키는 것, 이 두 가지가 중요합니다.

초등학교 고학년(5~6학년)은 초등학교 수학 전체를 탄탄하게 다지면서 중학교 1학년 선행을 해야 하는 시기입니다. 만약 학습결손이 확인된다면 해당 단원의 기초부터 학습하는데, 수학 교재를 구입해 전체를 다 푼다고 생각하지 말고 개념을 한 번 훑고 유형 문제를 풀어본다는 생각으로 학습하는 게 좋습니다.

심화 학습에서는 최상위 난이도를 무작정 선호하지 말고 학습능력에 맞는 문제집을 선택합니다. 만약 문제를 풀면서 많이 힘들어하면 잠시 쉬면서 기분 전환을 하고, 문제집의 난이도를 재조정하거나 응용이나 기본유형 쪽으로 문제를 바꿔서 풀도록 합니다. 아이가 매일매일 학습계획을 실천했을 때 1개월·3개월·6개월 등으로 시기를 나눠서 그에 상응하는 보상을 해주는 것도 고려해볼 만합니다. 물질적 대가보다는 영화 보러 가기, 맛집 탐방, 여행 등 부모와 아이가 함께 즐길 수 있는 차원이 좋겠습니다.

초등학교 수학의 흐름을 논할 때 가장 처음으로 어려워지는 시기를 3학년, 두 번째로 어려워지는 시기를 5학년으로 봅니다. 초등학교 5학년 수학은 중학교 1~2학년 수학과의 연계성이 더 강합니다. 예를 들어 '약수와 배수' 단원은 중학교 1학년 '소인수분해' 단원과 연계되고, '평균과 가능성' 단원은 중학교 2학년 '확률' 단원의 기초입니다. '규칙과 대응'은 중학교 1학년 일차방정식을 풀 때 필수적입니다. 따라서 초등학교 5학년 수학을 제대로 학습하지 않으면 중학교, 고등학교에서 큰 어려움을 겪을 수 있습니다.

중학교 1학년 수학은 초등학교 때보다 난이도가 더 올라갑니다. 초등 수학의 심화이자 고등 수학의 기초가 되는 내용이 중학교 1학년 수학입니다. 그런 만큼 선행을 해두면 좌절감을 줄이고 자신감을 키우는 데 도움이 됩니다. 초등 때는 현행과 복습을 하면서 무작정 선행을 많이 나가는 건 지양하되, 초등학교 6학년 때는 중학교 1학년 선행을 시작하여 2회 정도 반복학습을 하도록 합니다.

수학을 좋아하고 문제풀이를 잘하고 경쟁도 즐길 줄 아는 아이라면 경시대회 참여를 권합니다. 앞서 소개했듯이 성대경시를 비롯해 KMC(한국수학경시대회), KUT(고려대 전국수학학력평가시험), K-MSE(한국 수학·과학 학력평가) 등 전국 단위의 수학 경시대회가 있습니다. 학원들 중에도 전국 단위 시험을 실시하는 곳들이 있고요. 아이의 실력이 어느 정도인지 객관적 평가가 가능하고 대회 준비를 위해 더 열심히 학습하게 되므로, 이런 효과를 생각해 매해 1회 이상 경시대회 참가를 해보면 좋을 것입니다. 단, 반드시 아이의 자발적 의지여야 하고, 좋은 성적을 받겠다고 목표하기보다 실력이 어느 정도인지를 점검하는 차원이어야 한다는 점을 잊어서는 안 됩니다. 시험을 준비하면서 다시 한번 복습을 통해 실력을 다지는 과정이 아이를 더 성장하게 해줄 것입니다. 만약 이번 시험을 잘 보지 못했다면 다음번에 열심히 해서 더 나아지면 된다고 동기 부여를 해주면 됩니다.

📋 초등 수학 학습법

- 초등 저학년(1~2학년) : 일상 속 수학 탐구로 재미와 흥미를 느낄 것, 기본 수 개념과 사칙연산 익히기.
- 초등 중학년(3~4학년) : 학교에서 배운 단원별 개념을 충분히 이해하고 공식을 암기하며 문제풀이에 적용하기.
- 초등 고학년(5~6학년) : 현행 심화까지 탄탄히 한 뒤 초6 때 중1 선행을 시작해 2회 정도 반복학습(개념+연산)할 것. 현행 심화까지 진도를 빠르게 나가는 최상위권의 경우 초5 때 중1 선행해도 됨.
- '개념, 연산, 단계별 심화(기본유형+응용+심화), 논·서술형'을 기본 학습교재로 갖추고, 학습결손 시 해당 단원을 복습(개념+연산)할 것.
- 매일 심화, 논·서술형, 문장제 문제를 꾸준히 풀어볼 것.
- 이해가 안 가는 단원을 그냥 넘기지 말고 반드시 제대로 학습할 것.
- 초등 중학년까지는 선행보다 현행 그리고 복습에 중점을 둘 것.
- 실력 점검 및 동기 부여 차원에서 전국 경시대회에 참여할 것.
- 문제를 풀고 난 후 오답 풀이도 반드시 할 것.
- 바람직한 학습 습관과 자기주도력을 키울 것.

틀려도 되는 문제 개수를 정해주자

"다른 아이들은 다 잘하는데 나만 못하는 것 같아서 짜증 나."

아이는 학령기가 되어 공부라는 걸 정식으로 시작하고 나면 친구들과 선의의 경쟁을 하게 됩니다. 부모가 뭐라고 하지 않더라도 다른 친구들과 자신을 비교하고 자연스럽게 경쟁심을 느끼게 되지요. 누가 더 잘하는지를 알고 싶고, 경쟁에서 비교우위를 점하고 싶습니다. 선의의 경쟁은 자신을 성장시켜 줄 수 있지만, 비뚤어진 경쟁심과 비교의식은 자칫 자신감을 꺾는 원인이 될 수도 있습니다. 잘하지 못하면 하고 싶지 않고 결국 그만두고 싶어집니다. 부모는 아이가 이런 마음에 사로잡히지 않도록 마음을 돌봐주어야 합니다. 무엇보다 부모 스스로 내 아이를 다른 아이들과 비교하지 말고 긍정적인 마음으로 응원을 해주어야 합니다.

정서적인 보살핌과 아울러 학습적으로 해야 할 일은 '틀려도 되는 문제 개수를 정해주는 것'입니다. 학교나 학원에서 시험을 봤을 때 이 개수까지는 틀려도 된다고 정하는 것인데요. 이게 필요한 이유는 아이의 자신감을 지켜주기 위해서입니다.

아이들은 시험을 보면 으레 100점을 맞기를 원합니다. 부모만 원하는 게 아니라 아이도 마찬가지라서 시험지에 빗금이 늘어갈수록 자신감과 성취감이 바닥으로 추락하게 됩니다. 그런데 만약 부모가 시험지를 보고는 문제가 어려워서 100점을 맞기가 힘들겠다고 말한다면 어떨까요. 아이는 스스로에 대한 실망감이 줄어들 테고, 다음번엔 좀 더 잘해보겠다는 의욕을 느낄 수 있지 않을까요. 아이가 학습을 해나가는 데 있어 건강한 마음은 무엇보다 중요한 역할을 하므로 부모는 이를 지키기 위해 공을 들여야 합니다.

틀려도 되는 문제 개수를 정한다는 것은 아이에게 무조건 100점을 요구해서는 안 된다는 말과 같습니다. 부모는 완벽한 성과에 대한 기대보다는, 과정을 지켜보고 응원하는 마음을 가져야 합니다. 아이가 열심히 공부하고 최선을 다해 시험에 임하는 마음가짐과 자세를 칭찬해주어야 합니다.

틀려도 되는 문제 개수를 정하는 법을 알려드리겠습니다. 아이가 시험지를 가지고 오면 그걸 살펴보면서 난이도에 따라 정해야 하는데요. 쉬운 문제와 어려운 문제가 섞여 있다면 10~20%를 틀려도 되는 개수로 정하면 적절합니다. 한 시험에서 쉬운 문제와 어려운 문제가 섞여 있다면 대개 그 비율은 9:1, 8:2 정도로 추정할 수 있습니다. 따라서 10문제를 풀었다면 1~2개, 20문제를 풀었다면 2~4개, 30문제를 풀었다면 3~6개라고 할 수 있습니다. 만약 시험지를 검토했을 때 100% 쉬운 문제였다면 이보다는 조금 더 적게 틀려야겠죠. 그럴 땐 0~10%까지로 보면 됩니다. 반대로 문제가 아주 어려웠다면 틀려도 되는 문제 개수는 30~40%까지로 볼 수 있습니다.

 사고력 수학 학원에 보내는 게 좋을까?

초등학교 어머니들이 많이 하는 고민 중 하나입니다. 사고력 수학이란 말을 많이 들었지만 정확하게 무엇을 가르치는지 모르겠고, 아이들이 많이 다닌다고 하니까 우리 아이도 보내야 할지 고민이 되는 것입니다.

사실 수학 학습의 목표가 수학적 사고력을 키우는 것인 만큼, 사고력을 키워주는 특정한 문제가 있다고 보는 건 어색합니다. 아이들이 수학 학원을 여러 곳으로 나눠 다니는 것도 수학 실력을 통합적으로 평가하는 걸 어렵게 만들기도 하고요.

저는 교과 수학이 탄탄하다는 전제하에서 사고력 수학을 해도 좋다고 봅니다. 초등 수학을 지도하면서 많이 안타까웠던 것은, 현행 심화 문제까지 다룰 수 없는 아이들이 사고력 학원에서 고난이도의 문제들을 접하면서 빠르게 포기하거나 반대로 의존적으로 변한다는 점이었습니다. 수학을 착실히 공부하지 않아 기초가 없는 아이보다 이런 아이들을 지도하는 게 훨씬 힘이 듭니다. 수학 공부에의 의욕을 느끼지 못하기 때문입니다. 그래서 반드시 현행 심화 실력이 탄탄하고 사고력 수학을 즐거워하는 아이들에 한해서 학습하는 게 좋습니다.

사고력 수학을 한다는 걸 전제하에, 하루 1~2문제 정도를 꾸준히 풀어볼 것을 권합니다. 만약 아이가 수학적 재능이 뛰어나서 사고력 수학 문제를 정말 재밌어한다면 더 풀어도 무방하지만, 일반적인 경우에는 하루 1~2문제로도 충분합니다.

사고력 수학 문제를 많이 풀어볼 필요가 없다고 하는 이유는 문제 유형 때문입니다. 사고력 수학을 전문적으로 하는 학원들과 시중에 나와 있는 사고력 수학 문제집을 살펴보면, 문제의 특성이 발견됩니다. 지문이 꽤 길고, 남다른 발상을 유도하는 형태입니다. 멘사 테스트나 영재원 시험에 나오는 문제들과 유사합니다. 심화 문제와도 일맥상통하고요.

수학적 재능이 있고 영재라 불리는 아이들은 이런 문제를 잘 풉니다. 그러나 사고력 수학 문제를 푼다고 해서 수학 교과에 나오는 문제들을 잘 풀게 되는 건 아닙니다. 기본 개념을 익힐 수 있는 것도 아니고요. 교과 진도를 따라가기가 벅차고 난이도가 높은 단원까지 등장해서 고전 중인 아이들이, 사고력 수학 문제까지 소화하는 건 쉽지 않을 것입니다.

사고력 수학은 남다른 발상, 수학적 사고에의 재미를 느끼는 차원에서 긍정적입니다. 그러나 수학 교과 진도와는 결이 다르고, 문제에의 흥미를 느끼는 것도 아이들마다 다릅니다. 학습 방향을 잡을 때 이 같은 점을 참고하길 바랍니다.

수학이 재밌거나 힘들다는 말을 한 번쯤 의심해야 하는 이유

"수학 학원 가는 게 너무 재밌어."

초등학교 3학년 아이를 처음으로 수학 학원에 보낸 어머니는 아이가 학원을 즐거워하는 걸 보고 마음을 놓았습니다. 집에서 엄마와 함께 공부할 땐 문제집을 펼치면서부터 얼굴을 찡그렸는데 학원을 다니면서 수학이 재밌고 전혀 지루하지 않다고 했기 때문입니다. 학원 원장은 아이가 수업을 잘 따라온다고 말해주었습니다. 어머니는 이제 아이의 수학 실력이 콩나물 자라듯 성장할 거라고 기대했습니다. 해가 바뀌어 학원에 다닌 지 1년이 훌쩍 넘었을 때 어머니는 전국 수학경시대회에 참가 신청을 했습니다.

그런데 막상 수학 점수를 보고 당황하지 않을 수 없었습니다. 만점을 받기를 기대한 게 아니었고 경시대회 문제가 어려운 걸 알고 있었으나, 그런 걸 감안해도 점수가 많이 낮았던 것입니다. 실망하기는 아이도 마찬가지였습니다. 분명히 시키는 대로 공부했는데 문제를 풀 수가 없었다며 낙심했습니다.

저를 찾아온 어머니와 아이를 각각 상담하여 그간의 학습 방법을 자세히 물어보았습니다. 아이는 학원에서 패드로 개념 영상을 시청했고, 선생님이 문제를 풀이하는 영상을 지켜보았습니다. 패드로 직접 문제를 풀긴 했지만 몇 분세 되지 않았습니다. 틀린 문제에 대해서는 오답 영상을 시청했습니다. 일주일에 3회 수학 학원에 갔고 회당 1시간 30분 정도 착실하게 시간을 보냈는데도, 1년 내내 아이가 풀어낸 문제량은 얼마 되지 않았습니다.

저는 어머니에게 아이가 진짜 수학 학습을 한 게 아니라 '지켜보기만 했다'고 알려드렸습니다. 그동안 아이가 수학 학원을 재밌어했던 이유는 재밌게 구성된 개념 영상을 시청하고, 문제를 많이 풀지 않았기 때문입니다. 힘들게 하지 않으니 아무 부담 없이 학원에 다녔던 것입니다.

양치기 학습은 지양해야 하지만, 수학 실력 성장을 담보해주는 문제 풀이의 '절대량'은 있습니다. 초등학생이라면 하루에 1시간, 중학생은 하루 1~2시간, 고등학생은 하루 2~3시간 집중해서 개념을 이해·암기하고, 공식을 암기하고, 개념과 공식을 문제에 적용해서 푸는 훈련을 꾸준히 해야 합니다. 실력이 점점 쌓여가면 난이도를 1~2단계 높여서 심화 문제와 논·서술형 문제도 풀어줘야 합니다.

이런 과정이 재밌을 리 만무합니다. 하지만 힘든 과정을 버텨내면 수학 실력이 성장할 뿐 아니라 자신감과 성취감이 커질 것입니다. "나는 뭐든지 해낼 수 있다"는 자기 확신이 두터워지겠죠. 힘든 공부를 해냈을 때 얻을 수 있는 빛나는 성과죠.

공부란 때때로 힘들고 고된 것입니다. 우린 아이들의 학습을 논할 때 "재밌어야 한다"를 목청껏 외칩니다. 초등 저학년까지는 재미와 흥미 위주로 학습해야 한다는 걸 부정하는 게 아닙니다. 그러나 그 이상이 되면, 한 살 한 살 나이를 먹어갈수록 공부는 조금씩 힘들어질 수밖에 없습니다. 태어나서 한 번도 배워본 적 없는 개념을 배우고 그걸 익혀서 적용하기까지 해야 하는데 쉬울 수가 없지요. 특히나 난이도가 높은 문제들을 풀 때 더 그렇습니다.

그래서 아이가 수학을 공부하면서 "너무 쉽다" "재밌다"라고 말한다면 아이의 학습 상황을 한 번쯤 '의심'해봐야 합니다. 아이가 동

영상이나 선생님의 문제풀이를 지켜보기만 하는 건 아닌지, 심화와 논·서술형 문제를 상대해보지 못한 건 아닌지, 확인해야 합니다. 만약 그렇다면 학습환경을 바꿔주어야 합니다. 문제를 스스로 풀어보고, 조금 난이도가 있는 문제라 해도 고민하면서 매달리는 힘을 키울 수 있도록 말입니다.

반대로 아이가 수학 공부를 "너무 힘들다" "하기 싫다"고 말할 때도 학습 상황을 살펴봐야 합니다. 학습능력에 맞춰서 진도를 나가고, 매일 문제를 꾸준히 풀고, 논·서술형과 심화 문제를 매일 1~2문제씩 풀기 때문에 아이가 힘든 것이라면, 격려와 응원이 필요합니다. 앞서 언급했듯이 아이가 기분을 전환하고 휴식을 취할 수 있는 활동을 해보는 것도 좋고요.

만약 과도한 선행과 학습능력에 맞지 않은 최상위 심화 문제를 푸느라 아이가 힘든 것이라면 학습능력에 맞춰서 환경을 바꿔주어야 합니다. 수학 실력을 키워가는 과정이 힘든 건 맞지만, 능력을 고려하지 않고 목표에만 맞춰진 학습계획은 아이가 수학을 포기하도록 만들 테니까요.

[중등기]
수학 실력이 단계적으로 성장하는 시기

개념을 확실하게 이해·암기하고, 모를 땐 넘어가지 않는다

초등학교 6년의 학습을 바탕으로 새로운 중등 수학의 세계가 열립니다. 일차방정식의 활용, 함수, 입체도형 등 아이들이 고전하는 개념들이 대거 등장합니다. 개념을 이해하는 게 쉽지 않으므로 반드시 교과서 외에 개념서를 병행해서 공부할 것을 권합니다.

초등학교 3~4학년에 수포자의 싹이 텄다면, 수포자로서 정체성이 정립되는 시기가 중학교 1학년입니다. 앞서 언급했듯이 초등학교 6년 수학을 집약하면서 소인수분해, 일차방정식 등 새로운 개념을 배우게 되므로 아이들이 의욕을 잃지 않도록 주의해야 합니다. 그날 배운 건 그날 익힌다는 마음가짐을 가져야 합니다.

수학 잘하는 환경은 따로 있습니다

중학교 수학 학습에서 가장 중요한 것은 현행과 선행 외에 과거 학습한 내용에의 복습을 병행해야 한다는 것입니다. 중학교 수학은 크게 대수(수와 연산, 문자와 식, 함수), 기하(도형), 확률과 통계(확률, 통계)의 세 분류로 구분할 수 있는데, 대수는 1~3학년 1학기에, 기하와 확통은 1~3학년 2학기에 배웁니다. 세 분야는 서로 연계되지 않습니다. 그래서 1학기와 2학기에 전혀 다른 학습 내용을 반복하다 보면 앞서 배운 내용을 잊어버리기가 쉽습니다. 그러지 않으려면 2학기 과정을 현행할 때 1학기 때 배웠던 내용을 복습해야 합니다. 수학을 잘하는 아이는 현행과 선행을 병행하고, 수학을 어려워하는 아이는 현행과 함께 과거에 배운 내용을 복습해야 다음 학년 교과 내용을 어렵지 않게 소화할 수 있습니다.

중학교 1학년 수학은 어렵고도 중요한 개념들이 많은데 막상 학교에서는 자유학기제·자유학년제를 시행하여 아이들이 학습에 소홀해질 수 있습니다. 이럴 때일수록 현행을 착실하게 다져야 합니다. **현행에 무게를 두면서 지필평가·수행평가로 이루어진 내신을 탄탄하게 잘 쌓는 게 필요합니다.** 중학교 때 내신 대비를 잘하지 못하면 고등학생이 되어서도 마찬가지입니다. 학교 진도에 맞춰서 개념과 공식을 이해·암기하고 연습문제로 적응력을 키우고, 기본유형과 응용 문제로 기초를 다지고 심화와 논·서술형 문제로 실력을 키우도록 합니다.

현행 교재는 개념, 연산, 단계별 심화(기본유형+응용+심화), 논·서술형을 기본으로 하고, 오답 풀이도 꼼꼼하게 합니다. 초등 때와 마찬가지로 학습결손이 있다면 해당 단원의 기초를 공부하고, 현행 심화까지 잘 따라온다는 걸 전제로 1학년 (이상) 선행(개념+연산)을 하는 게 좋습니다. 중등 시기는 중등 내신을 잘 쌓고 고등 수학을 준비하는 시기로 보내야 합니다.

자유학년제를 시행하는 학교라면 2학년 1학기 중간고사가 중학교에서 보는 첫 지필평가가 됩니다. 이 결과는 아이의 현재 수학 실력을 가늠하는 지표가 될 수 있는 만큼 시험 결과를 잘 분석하는 게 중요합니다. 어떤 문제를 맞혔고 어떤 문제를 틀렸는지, 어떤 문제를 어려워하거나 헷갈렸는지, 풀이과정은 어떻게 기술했는지 등을 꼼꼼하게 살펴서 이후 학습에 반영해야 합니다.

아이들이 수학 공부를 하면서 이런 얘기를 할 때가 있습니다.

"나는 도형은 재미있는데, 방정식이 어려워."

"다른 단원은 다 싫은데, 그래프는 재밌어."

아이가 수학을 퍽 잘하지 못한다 해도 자신있어하는 단원이 있고, 제법 잘한다 해도 어려워하는 단원이 있습니다. 이처럼 아이들마다 차이가 있으므로 학습능력에 맞춰서 계획을 짜야 합니다. 잘하는 단원에 대해서는 좀 더 난이도가 높은 문제를 풀어서 실력을 업그레이

드하고, 어려운 단원은 개념을 복습하고 연산 훈련을 통해 기초를 다지도록 합니다. 이렇게 하기 위해서는 선생님의 역할이 중요합니다. 아이의 학습능력을 점검하고 그에 맞게 개별 맞춤 학습계획을 세울 수 있는 선생님을 잘 찾아봐야 합니다.

중학교 1학년에서 아이들이 가장 고전하는 내용 중 하나가 일차방정식의 활용입니다. 소금물의 농도를 구하는 문제가 나오면 고개를 절레절레 흔드는데요. 소금물의 농도를 구하는 문제는 수학에 속하지만, '농도'란 단어의 의미를 정확하게 알아야 하는 점에서 국어 능력이 필요합니다. 농도는 일정한 영역 내 존재하는 물질의 양으로서, 소금물에서는 소금의 비율(%)이 농도로 표현됩니다. 이렇게 농도의 개념을 이해했다면 지문에 제시된 대로 수식을 만들 수 있어야 합니다. 즉, 앞서 1장에서 언급한 문해력 수해력이 중요한 영역인 것입니다.

글을 읽고 이해하는 능력이 약한 아이들은 농도 문제를 비롯한 문장제 문제를 풀기가 쉽지 않습니다. 따라서 중학교 1학년생들에게 문해력이 좋지 않다는 점이 발견된다면 그때부터라도 책을 읽는 습관을 갖도록 해야 합니다. 책을 읽는다고 바로 문해력이 좋아지지 않겠지만, 꾸준히 읽어나가면 조금씩 좋아질 수 있을 것입니다.

수학적 개념을 이해하고 이를 수식으로 만드는 수해력을 키우려면 기본 개념을 꼼꼼하게 짚어가면서 이해하고, 논·서술형과 심화문제를 풀면서 수식을 만드는 훈련을 꾸준히 해야 합니다. 초등부터 고등까지 개념이 모두 정리된 개념서를 찾아서, 개념을 별도로 정리하는 것도 좋은 방법입니다.

중학교 2학년 수학에서는 단항식과 다항식의 개념, 일차함수 등이 등장하는데요. 특히 함수의 경우 고등학교에 들어가면 방정식 등 여러 개념과 결합하여 미적분까지 이어지는 만큼 중학교 2학년 때 기초를 잘 다져두는 게 중요합니다. 내용이 어려워질 때는 최상위급 문제보다는 난이도를 낮춘 문제를 선택해서 풀다가 적응되면 조금씩 단계를 높이는 게 마음의 부담을 줄일 수 있는 방법입니다. 또한 앞서 얘기한 것처럼 학기별로 전혀 다른 내용을 배우는 만큼 현행과 과거 학습 내용 복습을 잊지 않아야 합니다.

중학교 3학년에서 이차방정식, 이차함수, 삼각비 학습을 좀 더 신경을 쓰도록 합니다. 이차방정식과 이차함수 문제가 어렵다면 앞서 1학년 때 배웠던 일차방정식의 개념부터 되짚어보는 게 좋습니다. 아울러 다항식의 곱셈, 인수분해도 복습해야 하고요.

삼각비는 고등학교 『수학Ⅰ』의 '삼각함수' 단원의 기초이자, 초등학교 때 배웠던 도형의 개념, 각도, 도형의 둘레와 넓이 구하기 등까지 연결된 단원입니다. 잘 생각나지 않는다면 개념과 연산 학습을 통해 복습하길 권합니다.

중학교 3학년 심화의 경우 고등학교에서 배울 개념들이 등장하는 경우가 있어서 상당히 어렵습니다. 그런 만큼 심화 문제를 풀다 보면 고등학교 수학을 이해하는 데 도움이 되므로, 그동안 수학 실력을 탄탄하게 쌓아왔다면 심화 문제에 도전해볼 것을 권합니다. 중학 과정의 심화 문제를 착실하게 풀어야 고등 과정에서 심화문제로의 접근이 가능합니다. 심화에 오답 풀이까지 철저하게 챙기면서 학습해야 하고, 그러자면 많은 선행을 나가기가 힘듭니다. 만약 심화에 오답 풀이까지 다 하면서도 진도가 빨리 나갈 수 있다면 좀 더 선행을 나가도 괜찮습니다.

중학교 3학년에 올라가면 중3 현행과 함께 예비 고1로서 고등학교 수학 선행을 병행하길 권합니다. 빠르면 중2부터 고등 선행을 시작하는데, 고등 수학의 방대한 학습량을 잘 소화하려면 선행을 해야 합니다. 고등학교 3년 과정을 다 선행하겠다는 욕심보다는 『수학』의 개념을 정확히 다지겠다는 걸 목표하면 적절합니다.

중학교 수학 평가는 (고등학교도 마찬가지로) 지필평가와 수행평가를 합산해 평점이 나옵니다. 기억해야 할 점은 중학교는 절대평가라서 A등급을 받아도 안심할 수 없다는 것입니다. 90점 이상이 A등급, 80~89점이 B등급, 70~79점이 C등급, 60~69점이 D등급, 60점 미만이 E등급인데, A등급 학생이 학년 전체의 약 30% 전후가 됩니다.

이 아이들이 고등학교에 가면 몇 등급을 받을까요. 1등급을 받는 아이가 있는 반면, 3등급 아래로 추락하는 아이도 있습니다. 학교 간 학력 격차를 감안했을 때 추락 폭은 더 커질 수 있습니다. 중학교 수학을 A등급을 받았다고 해서 결코 안심해서는 안 되는 것입니다.

중학교 내신으로는 아이의 실력에 대한 객관적 평가를 하기가 어렵습니다. 때문에 다른 경로로 아이의 실력을 평가해보는 게 필요한데요. 전국 수학경시대회나 학원 레벨 테스트, 학원 주최 경시대회 등에 참여하여 객관적 평가자료를 확보할 것을 권합니다. 어디까지나 아이의 학습능력을 진단해 더 나은 학습을 하기 위한 차원이지, 상을 받거나 높은 점수를 받는 게 목표여서는 안 됩니다.

 중등 수학 학습법

- 중학교 1~2학년 : 현행과 과거 학습내용 복습을 꾸준히 할 것.
- 중학교 3학년 : 현행과 과거 학습내용 복습을 꾸준히 하면서, 고등 수학 선행을 시작할 것.
- '개념, 연산, 단계별 심화(기본유형+응용+심화), 논·서술형'을 기본 학습교재로 갖추고, 학습결손 시 해당 단원을 복습(개념+연산)할 것.
- 현행 학습과 복습으로 내신에 대비하되, 현행 심화까지 잘한다는 전제하에 선행을 할 것.
- 어렵거나 비중이 높은 단원은 쉽거나 비중이 (상대적으로) 낮은 단원에 비해 좀 더 시간을 할애해 학습할 것.
- 개념을 확실히 익혔고 응용 문제까지 잘 푼다면 심화 문제를 풀어볼 것.

- 심화와 논·서술형 문제를 매일 풀어보고, 풀이노트를 활용할 것.
- 문제를 풀고 난 후 오답 풀이를 반드시 할 것.
- 내신이 좋다고 하여 방심은 금물!
- 실력 점검 및 동기 부여 차원에서 전국 경시대회에 참여할 것.

자신감에 성실함을 더하면 자기주도학습이 탄생한다

중학교 내내 수학 지필평가에서 60점대로 받았던 아이가 있었습니다. 1년은 자유학년제였고 나머지 2년 동안 중간·기말 고사에서 60점대 점수를 받았습니다. 수행을 합쳐도 B등급이었습니다.

아이를 처음 만났을 때 학습의 기본부터 일러줬습니다. 수학은 개념과 공식을 이해·암기하고 연산 훈련을 꾸준히 하면서 기본유형과 응용 문제로 기초를 다진 다음 심화와 논·서술형 문제를 풀어야 한다, 문제를 풀 때는 직접 종이에 적고 풀이과정을 줄 맞춰서 단정하게 적는다, 수식을 정확하게 적어야 한다, 매일 꾸준히 1~2시간 학습해야 한다, 오답 풀이를 빼먹으면 안 된다 등등 말이지요. 학습의 기본기를 알려주고 테스트를 통해 학습능력을 측정한 다음 그에 맞게 지도계획을 세웠습니다. 세부적인 계획 하나하나에서 아이의 의견을 물었습니다. 아이는 어떤 단원이 어려운지, 어떤 문제 유형에서 당황하게 되는지, 어떤 방식으로 학습하면 좋을지 등 자기 의견을 말했습니다.

그렇게 세워진 진도표와 학습계획을 아이는 성실하게 지켰습니다. 처음에 쉬운 유형 문제부터 시작했기 때문에 아이는 매일 동그라미가 그려지는 문제집을 보면서 차츰 자신감을 회복했고, 다 푼 문제지가 쌓여갈수록 성취감을 느꼈습니다.

고등학교에 진학한 아이는 중간고사 때 70점대 점수를 받았고 기말고사에서는 90점대로 올라섰습니다. 눈에 띄게 올라가는 점수를 보면서 가슴이 벅차올랐습니다. 아이의 감정은 물론 더했고요. 한 손에 시험지를 들고 학원 문을 밀치고 들어오는 모습이 얼마나 당당해 보이던지요.

저는 아이가 거둔 성과가 자기주도학습 덕분이라고 생각합니다. 물론 제가 처음에 진도와 학습계획을 주도했지만, 그 과정에서 아이의 학습능력과 생각을 적극 반영했습니다. 그동안 누군가 시키는 대로 공부했던 아이는, 자기 의견이 존중받는 분위기가 되자 점점 주도적으로 말하기 시작했고, 현재 학습능력이 반영된 계획을 보고는 '해볼 만하겠다'고 생각했다고 합니다. 스스로 해볼 만하고, 하고 싶다고 생각한 학습계획이니 적극적으로 실천하게 된 것입니다.

자기주도학습을 가능케 해주는 자기주도력은 하늘에서 뚝 떨어지는 게 아닙니다. 어릴 때부터 부모가 아이의 관심사와 감정을 존중해주면서 양육하고, 학습에서도 아이가 직접 계획과 목표를 세울 수 있도록 주도권을 부여해줄 때 자기주도력이 자라나는 것입니다. 스스로를 믿는 자신감에 매일 꾸준히 노력하는 성실함이 더하면 자기주도학습이 가능해집니다.

물론 아이가 학원에 다니거나 과외를 받게 되면 학습계획을 홀로 세우는 게 아니므로 자기주도학습과 거리가 있을 수 있습니다. 그러나 선생님이 아이의 학습능력을 고려하고 아울러 어떤 단원이 쉽거나, 어렵거나, 안 풀리는지 등을 세심하게 소통해 계획을 세운다면, 아이는 자기 의견이 적극 반영된 만큼 의욕을 느끼고 적극적으로 노력할 것입니다.

제가 아는 학원 원장님 중에 자녀를 서울대에 보낸 분이 있습니다. 그분 학원 벽면에는 좋은 글들이 여러 개 붙어 있는데, 그중에 가장 인상 깊었던 문구가 있었습니다.

"자기 공부에 주인의식이 있어야 최상위권이 될 수 있다."

최상위권 아이들은 자신을 위해 공부한다고 생각합니다. 부모가 시켜서도, 타인의 시선 때문도 아닌 자신의 미래를 위해 공부한다는 목표의식이 뚜렷합니다. 공부에 관련된 모든 결정을 스스로 하고 그 결과 또한 자신에게 속한다고 생각합니다. 주인의식이 확실하므로 방향이 흔들리거나 표류하지 않고, 설혹 힘든 문제를 만나도 끝까지 해결하겠다는 의욕을 불태웁니다. 이렇게 공부하는데 결과가 안 좋을 수 없습니다.

중학생이 되면 자기주도력이 절실히 필요합니다. 그전까지는 부모가 시키는 대로 공부해도 곧잘 좋은 성과가 나오지만, 중학교부터는 그럴 수가 없습니다. 초등학교 때보다 훨씬 깊이 있는 공부를 해야 합니다. 절대적인 시간을 투자하면서 때로는 낑낑대면서 매달려야 합니다. 누군가가 시킨다고 해서 그렇게 공부할 수 없습니다. 반드시 스스로 해야겠다는 마음이 있을 때 가능한 것입니다.

만약 아이가 중학생이 되었는데도 여전히 부모가 적극적으로 주도하는 학습을 하거나, 학원·과외 선생님의 일방적 리드에 아이를 맡겨두었다면 지금이라도 그만두길 권합니다. 부모는 아이가 힘들어할 때 적절한 도움을 주되, 전권을 가지고 아이를 끌고 가서는 안 됩니다. 부모가 불안감을 내려놓고 아이에게 신뢰하는 마음으로 키를 넘겨주는 순간, 아이는 진짜 자기 능력을 발휘할 것입니다.

사춘기, 쉬어가는 시간이 필요하다

"엄마, 이젠 누군가 뜯어말려도 공부를 할 거야."

첫째 아이가 얼마 전 저에게 해준 말입니다. 저희 아이는 밥 먹고, 자고, 화장실 가는 시간을 뺀 나머지 시간을 모두 공부에 쏟아붓고 있습니다. 몇 시간씩 꼼짝하지 않고 앉아서 수학 문제에 몰입합니다. 제가 그렇게 하라고 시켜서가 아니라 오직 자신의 의지로 말이죠. 아이가 공부의 즐거움을 만끽하는 걸 보게 되어 얼마나 기쁜지 모릅니다.

사실 첫째 아이는 중학교 때 공부와 친하게 지내지 않았습니다. 앞서 아이가 초등학교 시절 영재원에 합격했다는 걸 언급했지만, 중학교에 입학하고 나서는 공부에 소홀해졌습니다. 학교와 학원에 머무는 시간 외에 나머지 시간을 '친구'와 '게임'에 투자했습니다. 매일 만나지 않으면 견딜 수 없는, 그야말로 죽고 못 사는 사이가 되었지요.

코로나 사태가 시작됐던 해에 중2였던 아들은 학교가 중단되자 문을 닫고 방에 들어가서 게임에 빠져들었습니다. 게임을 하지 않는 시간에는 친구들과 전화 통화를 하거나, 나가서 친구들과 어울렸죠. 사춘기의 특성을 생각하면 당연한 변화겠으나 지켜보는 부모로서 애가 탔습니다.

아이가 초등학교를 졸업하고 나면 부모의 마음은 조급해지기 시작합니다. 어릴 땐 학교의 교과 진도 대로 따라가면서 밝고 건강하게 자라면 충분했지만, 중학생이 되니까 본격적인 대입 준비의 첫발을 뗀 만큼 열심히 공부해야 한다고 생각하게 됩니다. 학습 난이도가 초등학교보다 한층 어려워졌으니 마음의 여유가 없습니다.

그러나 아이에게 이런 마음을 전할 수 없었습니다. 제가 들어갈 틈은 전혀 보이지 않았죠. 한때 영재 소리를 듣던 아이가 공부를 작파하다시피 하는 걸 보면서 고민하지 않을 수 없었습니다. 방문을 박차고 들어가서 컴퓨터를 들고나와야 하는지, 친구들과 연락을 줄이라고 해야 하는지, 고민을 거듭했습니다.

고민 끝에 제가 선택한 것은 '기다려주기'였습니다. 마음속에서 날뛰고 있는 조바심과 불안감을 억누르고 아이가 스스로 자기 길을 찾아가기를 기다리자고 말이죠. 그래서 "이제 그만하고 공부해!"라는 잔소리를 하지 않고 묵묵히 지켜보았습니다. 대신에 아이가 방문을 열고 나오면 말을 걸면서 일상적인 대화를 이어가려고 노력했습니다. 옆에서 남편도 함께 노력했습니다. 다행히 아이는 부모의 질문에 잘 답해줬고, 동생들이 말을 걸어도 웃으며 응대해주었습니다. 공부에 소홀하고 친구들과 과하게 밀착돼 있었지만, 그 외에는 문제가 없었습니다.

그렇게 3년이 지나고 고등학교에 들어간 아이는 달라졌습니다. 매일의 학습계획을 세우고 미친 듯이 책 속으로 파고들었습니다. 국어 과목은 인강으로 보충해야겠고, 수학은 개념을 다질 수 있도록 도움을 줄 수 있는 선생님이 필요하고 등등 학습계획과 도움이 필요한 지점을 구체적으로 정리하여 제게 요청했습니다. 저는 아이의 요청대로 지원해주었지요. 속으로 '드디어 우리 아이가 책상 앞으로 돌아왔구나!' 하고 쾌재를 부르면서요.

고등학교 2학년이 되고 어느 날 아이에게 물어봤습니다. 매일 10시간 넘게 공부하는 게 힘들지는 않은지 말이죠. 아이는 웃으면서 이렇게 답했습니다.

"엄마아빠 덕분에 전 중학교를 낭만적으로 보냈으니까 괜찮아요."

아이는 사춘기 때 하고 싶었던 대로 다 해봤기 때문에 행복하다고 했습니다. 행복했던 추억의 힘을 바탕으로 이제는 최선을 다해 공부하고 싶다고요. 저는 그날 아이와 나눈 대화를 한참 동안 곱씹었고, 꾹 참고 기다려주길 잘했다고 생각했습니다. 사춘기 아이의 방황을 기다리는 건 모험과 다를 바 없지만, 다행히 아이는 거세게 흔들리는 배 위에서 스스로 균형을 잡았습니다.

중학교 시절, 아이들은 사춘기를 겪습니다. 질풍노도의 감정을 겪어내느라 공부는 뒷전으로 밀립니다. 사춘기의 강도는 개인차가 있겠으나, 대부분의 아이들이 자기 자신이 누구인지에 대해 고민하고 하루에도 몇 번씩 자부심과 자괴감의 롤러코스터를 타고 오르락내리락합니다. 부모를 포함한 가족보다는 친구들과의 소통을 더 편하게 여깁니다. 어머니들과 이야기를 나누다 보면 사춘기 때 아이들이 친구들과 얼마나 밀착된 생활을 하는지 알 수 있습니다. 많은 부모들이 굳게 닫힌 아이의 방문 앞에서 초조해합니다.

하지만 너무 불안해할 필요는 없을 것 같습니다. 저도 그랬던 사람이라 부끄럽지만, 지나고 보니까 그럴 필요가 없었습니다. 저는 첫째 아이를 통해서 부모와 아이가 서로에 대한 믿음이 있다면 제아무리 사춘기의 파도가 거세도 아이가 완전히 궤도에서 일탈하지 않는다는 것을 깨달았습니다. 부모의 긍정적인 양육 태도는 아이의 건강한 마음을 만들고, 건강한 마음을 가진 아이는 자신의 삶을 건강하게 만들어갑니다.

또한 부모의 눈에는 '방황'처럼 보였던 시간이 꼭 필요했다는 것도 알게 됐습니다. 누구의 방해를 받지 않고 스스로를 마음껏 탐색하는 시간이 있어야 자신이 어떤 사람인지, 무엇을 좋아하고 즐거워하는지를 알 수 있고, 그에 맞는 꿈을 꿀 수 있습니다. 강압과 타율이 아닌 자신의 의지여야 신나는 공부를 할 수 있습니다.

앞으로 제 아이가 자기 인생을 어떻게 만들어갈지 저는 알 수 없습니다. 다만 사춘기를 제대로 겪어냈던 것처럼 앞으로의 인생길도 자신의 의지대로 개척해나갈 거라 믿습니다.

아이가 사춘기라서 고민 중인 분들에게 이렇게 전해드리고 싶습니다. '잠시 쉬어가는 시간'이 있어야 아이는 진짜 성장을 이룩할 수 있습니다. 사춘기는 아이가 자신의 정체성을 깨닫는 데 꼭 필요한 시간입니다. 이때는 잠시 제자리에 서서 자기 세계에 깊이 빠져들어도 괜찮습니다.

우리 아이들의 시간은 단지 명문대학에 진학하기 위한 목적으로 쓰여서는 안 됩니다. 단지 서울 상위권 대학에 진학해 남들이 우러러보는 직업을 갖기 위해 공부하는 게 아니어야 합니다. 자신이 가장 잘할 수 있고 좋아하는 일을 찾아내고, 그걸 해내기 위한 능력을 키우는 게 공부여야 합니다. 그러니 초조함과 불안감을 내려놓고 아이의 미래에 대한 기대감을 품고서 느긋하게 기다려주면 어떨까요.

[고등기]
어떤 문제에도 대처하는 능력자로 우뚝 서기

9등급이 1등급 되는 기적, 가능할까

"중학교 내신은 아무 쓸모가 없다는데 맞아요?"

아이들로부터 이런 질문을 받은 적이 있습니다. 중학교 내신이 수능에 반영되는 게 아니기 때문에, 중학교 때 공부를 잘하지 못했어도 너무 걱정할 필요가 없다는 것인데요. 저는 이 말을 듣고 중학교 시기의 중요성을 반만 이해하는 아이들이 있다는 생각이 들었습니다.

모두 알다시피 중학교 내신은 수능에 반영되지 않는다는 건 맞는 얘기입니다. 그러나 중학교 때 쌓은 실력은 고등학교 내신 그리고 수능에까지 영향을 미칩니다. 누누이 강조했듯이 수학은 나선형의 계통학문이라 초등 때부터 기초를 차근차근 쌓아 올려야 합니다. 앞 단계를 잘 해놓아야 그다음 단계로 올라갈 수 있고, 깊이 있는 탐구가 가능해집니다. 수학을 좋아하고 잘할 수 있는 초석, 올바른 학습 습관은 어릴 때 만들어야 하고요. 어릴 때부터 체계적·단계적으로 과정을 밟아온 아이가 진정한 실력자가 되는 것입니다.

내신을 잘 받았다는 건 아이가 단계별로 성장할 수 있도록 착실하게 노력했다는 의미입니다. 물론 중등 수학 A등급이 모두 고등에서의 1등급을 의미하는 건 아니지만, 고등 1등급 아이는 중등일 때 A등급을 받았을 것입니다. 그러니 중학교 내신이 쓸모가 없다는 건 반만 맞는 말인 거죠.

중학교 때까지 착실하게 학습하지 않았다면 고등학교 수학을 잘하기란 정말 쉽지 않습니다. 배워야 할 건 많아졌는데 수업시간은 줄었습니다. 게다가 2022 개정 교육과정이 시행되면 고교학점제의 영향으로 고등학교는 116주 192학점, 총 수업시간이 3072시간으로 중학교(3366시간)와 비교하면 294시간이 줄어듭니다. 국어·영어·수학 시수는 총 105시간이 줄어들게 되었습니다. 학교 진도를 따라가기가 상당히 벅차게 된 것이죠.

시간이 줄어든 반면 학습의 깊이는 훨씬 깊습니다. 중학교 땐 그래도 개념을 공부하고 공식을 암기하면 문제를 보고 적용해서 풀 수 있었습니다. 내신이 절대평가라 부담이 적은 편입니다. 그러나 고등학교는 다릅니다.

한국교육과정평가원의 「중·고등학교 전환기 학생 지원 전략 예시 자료」에 따르면, 고등학교에서는 중학교 때 배웠던 수학 개념과 성질들을 더욱 자세하게 분석하고, 더 넓은 영역으로 일반화하고, 여러 수학 개념과 성질을 종합하고, 복잡한 생각들을 기호로 표현할 수 있어야 합니다. 그래서 종합, 일반화, 분석, 기호화의 네 가지 능력이 필요합니다. 한마디로 정리하면 초등과 중등 때와 차원이 다른 수학을 배우게 되는 것입니다.

총 9년(초등 6년+중등 3년) 동안 배웠던 여러 수학 개념과 원리가 복합적으로 융합된 문제들이 등장합니다. 문제를 해석하고 해결하려면 어떤 개념이 필요한지를 생각해낼 수 있어야 합니다. 이에 따라 수식을 만들어낼 수 있어야 하고요. 여기에 미적분과 기하까지 가세하면 아이들은 이제 수학을 포기해야 하는지 심각하게 고민하게 됩니다.

수학 전문가들이 고등학교 수학 성적을 어떻게 올릴 것인가보다는 중학교 3학년까지 수학 공부를 하는 법을 주로 얘기하는 건 이 때문입니다. 예비 고1이라는 이름의 중학교 3학년 겨울방학까지가 수포자를 되살릴 수 있는 '막차'나 마찬가지입니다. 우리가 상상하는 것처럼 9등급이 1등급이 되는 건 기적에 가깝습니다.

그렇다면 고등학교 때 수학을 어떻게 공부하면 좋을까요. 고등학교 때는 내신을 잘 받아야 하므로, 현행을 중요시해야 합니다. 만약 현행을 심화까지 충분하게 소화한다면 약간 더 선행을 해도 되겠지만 시간적 여유가 없다면 학기 중에는 현행 위주로 하고 방학 때 선행을 하도록 합니다. 개념, 연산, 단계별 심화(기본유형+응용+심화), 논·서술형을 기본 교재로 구성하고, 수리 1등급을 노린다면 최상위 수준의 문제집을 풀 것을 권합니다. 고2 과정까지 마치면 수능 기출 문제집을 풉니다.

수학을 잘하지 못하는 아이라면 기초를 잡는 게 중요합니다. 중학교 과정 전체를 복습할 수 있는 교재를 선택해서 되도록 빠르게 복습한 다음 고1 『수학』을 학습하도록 합니다.

수학 학습 시간은 중학교 때보다 적어도 1.5~2배를 늘릴 것을 권합니다. 학습량은 많고 시수는 부족하여 학교에서 배운 걸 다 이해하기가 어려우므로 당연히 시간을 더 투자해야 합니다.

고등학교 때도 중학교 때와 마찬가지로 아이를 누가 지도하느냐는 매우 중요한 문제입니다. 아이의 학습능력을 점검하고 그에 맞게 개별 맞춤 학습계획과 진도를 실행하는 선생님을 찾아서 도움을 받을 것을 권합니다.

학교마다 수학 과목 진도를 나가는 데 조금 차이가 있습니다. 대개 고등학교 1학년 때는 『수학』을 배우면서 2학년 때 선택과목을 병행하는 편입니다. 『수학』을 잘 학습하지 않으면 『수학Ⅰ』과 『수학Ⅱ』, 『미적분』을 소화하기가 어렵습니다. 만약 고2 수학 현행에서 어려움을 느낀다면 『수학』을 다시 학습하는 게 좋습니다.

고등학교 1학년에서는 현행을 심화까지 착실하게 학습하고, 수학을 잘하는 아이들은 고2 과정을 대비해야 합니다. 고등학교 2학년 때는 『수학Ⅰ』, 『수학Ⅱ』, 『미적분』까지 방대한 양을 학습해야 하므로, 특히 어렵거나 헷갈리는 단원이 있다면 시간을 더 투자해 공부해야 합니다. 또한 중요도가 높은 단원, 이를테면 미적분까지 연결되는 함수의 경우 상대적으로 중요도가 낮은 단원보다 좀 더 시간을 할애해야 합니다.

심화와 논·서술형 문제가 잘 풀리지 않는다면 해설지를 활용할 것을 권합니다. 해설지는 해당 문제를 풀 수 있는 가장 모범적인 방법을 제시해줍니다. 수학을 잘하는 아이라면 먼저 문제를 풀어본 다음에 해설지를 봐야 하지만, 수학을 잘하지 못한다면 해설지를 한 줄 한 줄 읽고 쓰면서 거기에 담겨 있는 개념과 원리 등을 찾아내고 수식화하는 방법을 학습하도록 합니다.

고등학교 때는 문제 푸는 속도가 빨라야 합니다. 수능 때 시간 부족으로 문제를 다 풀지 못하는 경우가 많기 때문에 고등학교 때부터 문제를 빠르고 정확하게 푸는 훈련이 필요합니다. 객관식과 심화,

논·서술형 문제까지 포함해 30문제를 뽑아서 시험과 똑같은 시간(고등학교 지필평가는 50분, 수능은 100분)을 타이머로 맞춘 다음 풀어보는 것인데요. 시험지에 문제를 풀고, 풀이과정을 적고, 답안지에 옮겨 적는 것까지 완료했을 때 한 문제당 몇 분이 걸리는지를 알아봐야 합니다. 평균 시간을 내보고 문제풀이 훈련을 반복하면서 문제당 풀이 시간을 당길 수 있도록 합니다. 속도뿐 아니라 정확성도 기할 수 있어야 합니다.

특히 논·서술형 문제풀이에서 주의가 필요합니다. 논·서술형에 시간을 많이 쓰게 되면 전체적으로 시험지를 재점검하거나 OMR 카드에 마킹하는 시간이 부족해져 실수할 수 있습니다. 실제 시험장에서는 시험지를 받으면 논·서술형 문제가 몇 개인지 먼저 확인하여 전체 시험 시간을 안배하도록 합니다.

 고등 수학 학습법

- 내신이 중요하므로 현행을 중심으로 학습하고, 아이의 학습능력이 충분하다면 방학 때 선행을 할 것.
- 중학교 3학년 때까지 학습내용에서 결손이 있다면 3년 교과 내용이 집대성된 교재 한 권으로 빠르게 복습할 것.
- 수학 학습 시간을 중학교 때보다 1.5~2배로 늘릴 것.
- 문제를 빠르고 정확하게 푸는 훈련을 할 것.
- '개념, 연산, 단계별 심화(기본유형+응용+심화), 논·서술형'을 기본 교재로 갖추고, 고2 때 수능 기출 문제풀이를 시작할 것.

- 심화와 논·서술형 문제를 매일 풀어보고, 풀이노트를 활용할 것.
- 문제를 풀고 난 후 오답 풀이를 반드시 할 것.
- 고등학교 3학년이 되면 모의 수능을 해볼 것.

문·이과 통합 및 '2028 대입제도 개편 시안'에 따른 내신&입시 전략

문·이과 통합 수능 세대, 수학 선택과목 신중히 선택할 것

2023년 현재 고등학교 1~3학년 아이들과 중학교 3학년 아이들은 2015 개정 교육과정과 문·이과 통합 수능의 적용 대상입니다. 『수학Ⅰ』, 『수학Ⅱ』를 공통으로 하고 『확률과 통계』, 『미적분』, 『기하』 중 하나를 택하여 시험을 치르는 것입니다.

2022학년도 수능이 문·이과 통합으로 치러진 후 이과생들의 '문과 침공'이 화두로 떠올랐습니다. 통합 수능이라 문·이과 구분이 사라졌지만, 상위권 및 이과계는 『미적분』이나 『기하』를 선택하고 문과계는 『확률과 통계』를 선택합니다. 사실상 문·이과 구분이 존재하는 셈인데요. 어떤 선택과목을 고르냐에 따라 지원할 수 있는 대학교와 계열이 달라지고 『미적분』이나 『기하』 과목에 응시하면 『확률과 통계』에 응시했을 때보다 표준점수 획득이 유리하다는 점 때문에, 이과생들이 문과생들보다 상위권 대학에 진학할 확률이 높아지게 되었습니다. 통합형 수능에서는 미적분·기하 응시자가 확통 응시자보다 표준점수를 획득하는 데 유리합니다.

표준점수가 뭘까요. 수능 성적은 100점 만점의 원점수가 아니라, 과목별 시험의 난이도를 반영한 표준점수와 백분위, 등급으로 나오는데요. 표준점수는 원점수의 상대적 서열을 나타내는 점수로 개인이 획득한 원점수가 어느 위치에 해당하는가를 나타냅니다. 국어와 수학 공통 부분은 기본 표준점수 계산식[39]을 적용하는데, 선택과목 표준점수는 계산법이 복잡합니다[40]. 쉽게 말해 표준점수는 시험의 난이도가 높을수록 올라가고 난이도가 낮을수록 내려갑니다. 그래서 미적분·기하 응시자와 확통 응시자의 원점수가 같더라도, 난이도가 상대적으로 높은 미적분·기하의 표준점수가 더 높게 나오게 됩니다.

2022학년도 수능 결과를 보면 1~3등급에서 다수의 아이들이 미적분·기하를 선택했고, 미적분·기하 선택자들과 확통 선택자들의 원점수가 동일하게 100점이더라도 표준점수에서 3점 차이가 있습니다. 표준점수 3점은 등급차를 만들 수 있고, 상위권 대학 합격 당락을

---

39. [20×{(원점수−원점수 평균)/표준편차}]+100
40. (선택과목 점수−선택과목 평균)/선택과목 표준편차×선택과목 응시생의 공통과목 표준편차+선택과목 응시생 공통과목 평균

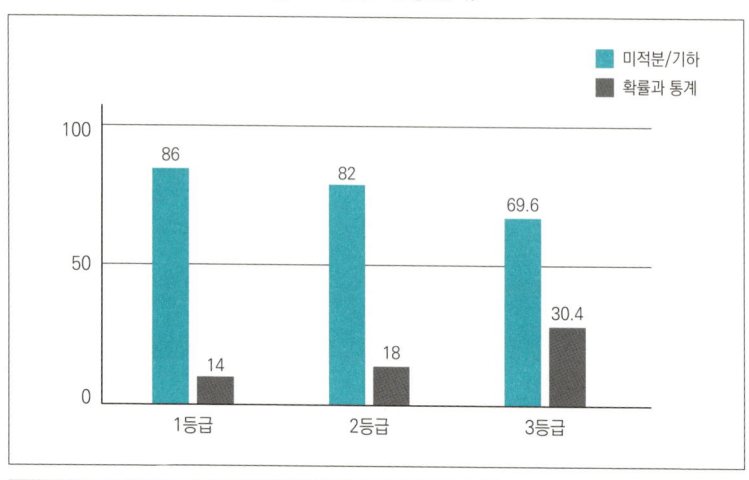

〈2022학년도 수능 결과〉

	원점수	표준점수
확률과 통계	100	144
미적분·기하	100	147

가를 정도의 점수입니다. 즉, 이과계열 아이들이 수능에서 유리한 고지를 점하고 있는 것입니다. 이것이 바로 이과생들의 '문과 침공'입니다.

문과 침공 현상은 이듬해에도 계속되었습니다. 2023학년도 서울대 인문·사회계열 정시 최초 합격자 수에서 이과생이 문과생을 넘어섰습니다[41]. 다른 대학들의 사정도 크게 다르지 않았는데, 서울의 주

---

41. 문·이과 모두 지원할 수 있는 학부(학과)에 최초 합격한 640명 중 330명(51.6%)이 이과

요. 대학들이 이공계나 의·약학계열 지원 조건으로 수학 미적분·기하와 과학탐구를 반드시 응시하도록 정해두었기 때문입니다. 반면에 인문·사회계열 모집단위 대부분은 필수 응시 영역을 지정하지 않았습니다. 이런 이유로 이과생들은 문과계열과 이과계열 모두 자유롭게 응시할 수 있었고(교차지원), 문과생들은 문과계열만 지원할 수 있었던 것입니다[42]. 문과 침공으로 인하여 수험생들은 수능 수학 선택과목을 확통보다 미적분·기하로 정하는 것이 더 유리하다는 점을 알게 되었습니다.

문과 침공이 사회적 이슈가 되면서 교육부는 주요 대학들에게 수능 필수 응시 영역 지정을 해제할 것을 요청했습니다. 이과생이 이과·문과에 교차지원하는 것처럼 문과생도 이공계열에 지원할 수 있도록 조건을 완화하자는 것입니다[42]. 2024학년도 수능에서 자연계열에서의 필수 응시 영역 지정을 해제하는 대학들이 생겨났는데 서강대, 성균관대 등이 자연계열 지원자에게 수학 미적분·기하 과목 지정을 폐지했습니다[43]. 2025학년도 수능에서는 서울 주요 17개 대학 자연계열에서 수학 미적분·기하 과목과 과학탐구의 수능 필수 응시

생. 등록 전 합격자 기준.
42. 서울대 '문과 침공' 거세졌다… 인문·사회 합격자 52%가 이과생/조선일보/2023.02.09.
43. 단, 성균관대는 자연계열 학과에 지원하려면 과학탐구에서 한 과목 이상 응시해야 함.

영역 지정이 폐지됐습니다[44].

수능 수학 필수 영역 지정 폐지는 문과생들에게 희소식입니다. 그러나 표준점수가 미적분·기하 응시자에게 더 유리하다는 점은 여전히 남아 있습니다. 2018학년도 수능부터 영어가 절대평가로 바뀌면서 주요 상위권 대학들이 영어보다 수학에 변별력을 두는 점도 기억해야 합니다. 문·이과 통합 수능 세대는 이러한 여러 상황을 종합적으로 고려하여 수능 수학 선택과목을 정하기 바랍니다.

2025년부터 달라진 내신 평가방법 알아보기

2022 개정 교육과정이 적용되기 시작하는 2025년부터는 내신 평가방법이 달라집니다. 교육부는 2023년 10월 10일 '2028학년도 대학입시 개편 시안'을 발표하면서 2028학년도 수능과 함께 현행 내신 평가방법을 개편했습니다. 국가교육위원회, 대국민 공청회 등 각계의 의견 수렴을 거쳐 올해 안에 개편안이 확정될 예정입니다(2023년 10월 말 기준).

본래 교육부는 고교학점제 도입과 발맞춰 고등학교 1학년이 주로 배우는 공통과목은 9등급 상대평가를 하고, 2~3학년이 주로 배우

---

44. 건국대, 경희대, 광운대, 국민대, 동국대, 서울과기대, 성균관대, 세종대, 숭실대, 아주대, 연세대, 이화여대, 인하대, 중앙대, 한국항공대, 한양대, 한양대(ERICA) 등 17개교.

⟨개정 교육과정별 고등학교 수학 교과 구성 및 평가 방법⟩

		2015 개정 교육과정		2022 개정 교육과정 (2025년 고1부터 순차적/2027년 전면 적용)	
		과목	평가방법	과목	평가방법
1학년		공통과목 : 수학	상대평가(9등급)	공통수학1 공통수학2 또는 기본수학1 기본수학2	절대평가와 상대평가 함께 적용 원점수 표기 · 5단계 성취도평가(절대평가), 5등급 석차등급(상대평가)
2학년		공통과목 : 수학Ⅰ, 수학Ⅱ 일반선택 : 미적분, 확률과 통계	상대평가(9등급)	일반선택 : 대수, 미적분Ⅰ, 확률과 통계 진로선택 : 기하, 미적분Ⅱ	
3학년		진로선택 : 기하[45], 경제수학, 실용수학, 인공지능 수학, 기본수학, 수학과제 탐구	절대평가(3단계)	진로선택 : 경제수학[46], 인공지능 수학[47], 직무 수학 융합선택 : 수학과 문화, 실용통계, 수학과제 탐구	

※ 과학 계열 고교 제외.
※ 2022 개정 교육과정 교과 개설 및 학년별 구분은 학교마다 차이가 있음. 위의 구분은 일반적 예시임.

는 선택과목은 절대평가를 하겠다는 계획을 밝힌 바 있습니다. 이럴 경우, 1학년 내신의 중요도가 높아져 고1의 내신 경쟁이 과도해질 것이고 2~3학년에서는 내신 부풀리기가 심해질 거라는 우려가 있었습

---

45. 기하는 학교에 따라 선택 가능 학년이 다름(2학년 혹은 3학년).
46. 경제수학은 미적분을 이수한 후에 배울 수 있음.
47. 인공지능 수학은 미적분을 이수한 후에 배울 수 있음.

니다.

상위 4%만 1등급을 받을 수 있는 내신평가 역시 학생수가 감소하는 우리 교육계의 현실에 맞지 않고, 논·서술형 평가 중심으로 5등급 체제를 도입하는 세계적 추세와도 맞지 않는다는 지적이 있었습니다[48]. 전국 17개 시도교육청 산하 고등학교 학생 현황을 분석한 내용에 따르면, 전국 43개 고교에서 1등급이 단 한 명도 나오지 않는 것으로 나타났습니다. 전국 고교의 약 40%가 학년당 학생 수가 200명 미만입니다. 농산어촌이나 도서 지역 등 비수도권 지역 고등학교들은 전교생 수가 적은 경우가 많은데, 이곳 아이들은 내신에서 좋은 등급을 받는 것이 어렵고 원하는 대학에의 지원이 불가능할 수 있습니다. 학생부교과전형에 지원할 경우, 학생 수가 많은 학교의 학생보다 불리하게 됩니다[49].

이런 문제점을 극복하기 위해 교육부는 고교 1~3학년 내신평가 체제를 전과목 5등급제(1~5등급)로 바꾸고, 2025학년도부터 1등급을 기존의 4%에서 10%로 늘리기로 했습니다. A~E까지의 성취도평가와 원점수 표기(절대평가)도 함께 적용됩니다. 절대평가와 상대평가가 함께 적용되지만, 사실상 5등급 상대평가 체제가 되는 것입니다.

---

48. [2028 대입] 내신 5등급 도입, 절대+상대평가 병기..수능 선택과목 폐지/에듀프레스/2023.10.10.
49. 내신 1등급 없는 고등학교가 있다니/시사브리핑/2022.12.22.

또한 교육부는 고교 내신에서 암기 위주의 오지선다형 평가 대신 미래사회에 필요한 사고력과 문제해결력을 키우기 위해 논·서술형 평가를 확대하기로 했습니다. 논·서술형만으로 내신평가가 가능하도록 학교생활기록부 작성 및 관리 지침을 개정하고, 교사들의 전문적인 평가역량 강화를 위해 연수 등을 지원할 계획입니다.

내신 5등급제

1등급	2등급	3등급	4등급	5등급
10%	24%(누적 34%)	32%(누적 66%)	24%(누적 90%)	10%(누적 100%)

이번 개편 시안은 앞서 언급한 것처럼 학생 수 감소에 대비하고, 학교 및 지역 간 차별을 극복하며, 내신평가의 공정성을 도모하겠다는 의도가 담겨 있습니다. 현행 9등급제와 비교해보면 내신 경쟁이 다소 완화될 것이고, 진로와 적성에 따라 과목을 선택해 공부한다는 고교학점제의 취지를 살릴 수 있다는 긍정적인 평가가 있습니다.

반면에 내신 변별력이 약화되는 만큼 특목고·자사고·외고 선호 현상이 심화될 수 있고, 수능의 중요도가 커질 것으로 예상됩니다. 상대평가 도입으로 점수를 따기에 유리한 과목으로의 쏠림 현상이 나타나 고교학점제의 취지가 퇴색할 거라는 우려도 있고요. 교육부의 개편 시안 발표에 대해, 고교학점제 도입 취지를 생각하면 내신을 절대평가·상대평가 병행이 아니라 절대평가로만 해야 한다는 지적이 있었습니다. 교육부는 "장기적으로 보면 고교 내신이 절대평가로 가는 게 맞다"면서, 현장 준비가 아직 미흡하므로 현재로서는 상대평가를 병기하지만, 현장 역량을 강화해 절대평가가 안착할 수 있도록 노력하겠다는 입장을 밝혔습니다. 즉, 앞으로 내신평가가 절대평가로만 이뤄질 가능성이 있습니다.

앞으로 우수한 학생들을 뽑고자 하는 상위권 주요 대학들의 고민이 깊어질 것입니다. 수시전형 때 수능 최저 학력기준 적용을 강화하거나 내신 산출 방식을 다양화할 수 있고, 면접과 논술을 비롯한 대학별 고사가 강화되는 방안도 추측할 수 있습니다.

2025년 고등학교 1학년생부터 이러한 내신 평가 기준을 잘 이해해야 합니다. 5등급제로 내신의 변별력이 약화되었으나, 수시를 고려한다면 내신을 잘 관리해야 합니다. 또한 고교학점제 실시로 출석(수업횟수의 2/3)과 학업성취율(40% 이상)을 모두 충족해야 졸업할 수 있게 되었다는 점도 고려해야 합니다. 미충족 시 보충이수를 통해 학점을 취득해야 하고 그렇게 하지 않으면 유급됩니다. 졸업하는 데 필요한 학점이 총 192학점인데, 학점이 모자라거나 꼭 들어야 하는 과목을 못 듣는 일이 없어야 합니다.

자신의 진로와 적성을 고려해 과목을 선택하는 것도 중요합니다. '2028학년도 대학입시 개편안'에 따라 수능에서 선택과목이 사라지고 통합형·융합형 과목체계로 개편되었으나, 수시전형을 고려하여 수강할 과목을 신중하게 선택해야 합니다. 학생이 어떤 과목을 수강했느냐에 따라 대학은 전공 적합성을 판단할 것이고, 관련 평가 비중을 높일 수 있습니다. '준비된 인재'라는 인상을 주고 싶다면, 고등학교 1학년 입학 전에 자신이 진학하고픈 대학과 계열을 가늠해본 다음 학교 및 주변 학교들의 개설 과목들을 살펴보고 어떤 과목을 수강할 것인지를 결정하는 게 좋습니다.

희망하는 전공에 맞추어 전공 연관성이 높은 선택과목을 고르고, 학교생활기록부의 '세부능력 및 특기사항(세특)' 안에 자신의 탐구과정이 잘 기록될 수 있도록 교과 담당 선생님과 소통하는 등 학교생활기록부를 잘 관리하는 노력이 필요합니다. 수시를 고려한다면 비교과 영역이라 하더라도 세특을 잘 챙겨야 합니다.

'2028 대학입시제도 개편 시안'에 따른 필승 수능 전략

'2028 대학입시제도 개편안'에는 2028학년도 수능부터 제2외국어를 제외한 모든 과목에서 선택과목이 없어지고, 모든 수험생이 공통과목에 응시하는 수능제도 개편내용이 담겨 있습니다. 이 개편으로 수능 과목은 기존의 44개 과목에서 24개로 대폭 줄어들었습니다. 2028학년도 수능 수학의 경우 『대수』, 『미적분Ⅰ』, 『확률과 통계』를 공통과목으로서 모든 수험생들이 똑같은 과목으로 시험을 치르게 되었습니다.

이번 개편안을 두고 기존보다 진일보된 통합형·융합형 수능을 구현했다며 긍정적으로 보는 시각이 있습니다. 그동안 수능 선택과목이 지나치게 세분화되어 있어 이로 인한 어려움이 있었습니다. 현재 국어와 수학은 공통+선택과목 체제이고, 사회·과학 탐구 및 직업탐구는 최대 2과목을 선택하여 수능을 치릅니다. 과목 간 난이도에 따른 표준점수차로 인해 유불리가 생긴다는 점, 적성과 진로에 따라 선택과목을 듣게 하겠다는 제도 취지와 달리 학생들이 높은 점수를 얻을 수 있는 과목을 택한다는 점 등의 문제가 있었죠. 수학에서는 사실상 문·이과 구분(이과생은 미적분과 기하 선호, 문과생은 확통 선호)으로 인해 이과생들의 문과 침공이 문제가 되었습니다.

교육부는 통합형 과목 체계를 통해 과목 선택에 따른 유불리와 불공정 문제를 해소하겠다고 밝혔습니다. 정시 비율은 대입 안정성을 고려해 현재와 동일한 비율을 유지하기로 했습니다.

다만, 수학에서는 AI 등 첨단산업 분야 인재 양성을 위해 심화학습이 꼭 필요하다는 학계의 주장이 있어서 미적분Ⅱ+기하를 선택과목 '심화수학'(절대평가 방식)으로 포함하는 안을 국가교육위원회 등을 통해 의견을 수렴해 2023년 안에 결정할 예정입니다[50]. 교육부는 "2022 개정 교육과정의 '대수'는 현재의 '수학Ⅰ'과 같고, 새 '미적분

---

50. 現 중2부터 수능 선택과목 없어진다…내신은 '5등급' 상대평가/연합뉴스/2023.10.10.

Ⅰ'은 현재의 '수학Ⅱ'와 사실상 같다"면서 "현행 교육과정 상의 '미적분'과 '기하'는 새 교육과정에 따른 수능에서 '심화수학'으로 출제하는 방안을 제시했다"고 설명했습니다[51].

이번 개편 시안에서 수능 수학의 출제 범위는 2022 개정 교육과정의 고1~고2 수학 교과에 해당됩니다. 전체적으로 보면 공부할 과목이 줄었지만, 수학만 놓고 보면 문과생이 부담스러울 수 있습니다. 현행 수능 제도하에서 미적분, 확통, 기하의 세 과목 중 하나를 택하는 것이었는데 개편안에서는 미적분과 확통이 공통과목이 되었으니까요. 문과 계통 과목뿐 아니라 수학을 포함해 골고루 잘해야 한다는 부담감이 느껴질 것입니다.

대한수학회는 교육부의 이번 개편 시안에 대해 이과계열 대학 교육의 기반이 붕괴될 거라는 우려를 나타내면서, 교육부가 '심화수학'이라는 이름의 선택과목(절대평가)으로 추가하려고 검토 중인 미적분Ⅱ와 기하는 국가적인 과학기술 경쟁력을 위해 꼭 필요하고 이과 대학교육을 받으려면 배워야 하는 과목이라는 입장을 밝혔습니다. 대한수학회의 의견이 반영된다면 '심화수학(미적분Ⅱ+기하)'은 개설될 것이고, 절대평가가 아닌 상대평가로 들어갈 가능성도 배제할 수 없습니다. 상위권 이공계 대학을 진학하기 위해 심화수학을 반드시 학

---

51. [대입 개편]적용 시 수능·대학별고사 영향 강화…내신 경쟁도 여전/뉴시스/2023.10.10.

⟨2028학년도 수능 개편안⟩

영역		현행 (2027학년도 수능까지)	개편안 (2028학년도 수능부터)
국어		공통 + 2과목 중 택1 ● 공통 : 독서, 문학 ● 선택 : 화법과 작문, 언어와 매체	공통 (화법과 언어, 독서와 작문, 문학)
수학		공통 + 3과목 중 택1 ● 공통 : 수학Ⅰ, 수학Ⅱ ● 선택 : 확률과 통계, 미적분, 기하	공통 (대수, 미적분Ⅰ, 확률과 통계)
영어		공통(영어Ⅰ, 영어Ⅱ)	공통 (영어Ⅰ, 영어Ⅱ)
한국사		공통(한국사)	공통(한국사)
탐구	사회· 과학	17과목 중 최대 택2 ● 사회 : 9과목 (한국지리, 세계지리, 세계사, 동아시아사, 경제, 정치와 법, 사회·문화, 생활과 윤리, 윤리와 사상) ● 과학 : 8과목 (물리학Ⅰ, 화학Ⅰ, 생명과학Ⅰ, 지구과학Ⅰ, 물리학Ⅱ, 화학Ⅱ, 생명과학Ⅱ, 지구과학Ⅱ)	사회 : 공통(통합사회) 과학 : 공통(통합과학)
	직업	1과목 : 5과목 중 택1 2과목 : 공통 + 1과목 ● 공통 : 성공적인 직업생활 ● 선택 : 농업기초기술, 공업 일반, 상업 경제, 수산·해운 산업 기초, 인간 발달	직업 : 공통(성공적인 직업생활)
제2외국어/한문		9과목 중 택1 ● 제2외국어/한문 : 9과목 (독일어Ⅰ, 프랑스어Ⅰ, 스페인어Ⅰ, 중국어Ⅰ, 일본어Ⅰ, 러시아어Ⅰ, 아랍어Ⅰ, 베트남어Ⅰ, 한문Ⅰ)	9과목 중 택1 ● 제2외국어/한문 : 9과목 (독일어, 프랑스어, 스페인어, 중국어, 일본어, 러시아어, 아랍어, 베트남어, 한문) ※추가 검토안 : 10과목 중 택1 *제2외국어/한문 : 9과목 *심화수학 : 1과목 (미적분Ⅱ+기하)

수학 잘하는 환경은 따로 있습니다

습해야 할지도 모릅니다. 그렇게 된다면 2028학년도 수능 수학의 범위는 현행보다 훨씬 더 넓어지게 됩니다[52].

만약 심화수학 과목 도입이 무산된다면 문과생의 의과대학 지원이 가능해집니다. 내신 5등급제 재편으로 인해 서울 중상위권 대학 학생들의 의대 지원률이 증가될 거라는 예상도 있습니다. 의대 경쟁이 심화, 과열될 우려가 있는 것입니다.

이런 문제들로 인하여 수능 수학의 변별력을 찾기 위한 후속 조치가 있을 거라고 조심스럽게 예상합니다. 학생을 평가, 선발하기 위해서는 변별력 있는 평가가 필요합니다. 교육부는 킬러 문제를 출제하지 않겠다고 공언했지만, 변별력을 가르기 위해 난이도가 높은 문제가 출제될 가능성을 배제해서는 안 될 것입니다. 앞서 언급했듯이 대학별 고사가 강화될 수 있습니다. 그런 차원에서 심화수학 과목이 도입될 것으로 예상하는데, 만약 무산되더라도 이와 같은 역할을 할 제도적 보완은 필요해 보입니다.

'2028 대학입시제도 개편 시안'을 중심으로 지금까지 정리한 내신 및 미래형 수능의 방향성은 학계와 국민들의 의견 수렴에 따라 좀 더 변화할 수 있습니다. 이 책에서는 2023년 10월 말 현재까지의 의견을 정리한 것임을 감안하여, 이후 변화 및 확정되는 정책을 지켜볼

---

52. 대한수학회 "2028 수능 '심화수학', 반드시 해야 하고 상대평가로"/뉴시스/2023.10.16.

것을 권합니다.

'미래형 수능'으로도 불렸던 2028학년도부터의 수능 체제가 구체적인 모습을 드러낸 지금, 우리나라 수학 교육은 어떻게 변화하게 될까요. 대략 두 가지로 정리할 수 있습니다.

첫 번째는 '수학의 중요도가 (여전히) 유지될 것'이라는 점입니다. 수능 수학 필수 영역 지정 폐지에 이어 '2028 대학입시제도 개편 시안'으로 인해 수학의 중요도가 완화된 것처럼 보이지만, 장기적인 관점으로 본다면 중요도가 계속 유지될 것입니다. 하루가 다르게 과학기술이 발전하는 시대에서, 수학은 도외시될 수 없기 때문입니다.

2022 개정 교육과정을 보면 디지털 및 AI와 관련된 교육이 강화되었음을 알 수 있습니다. 특히 AI를 활용하기 위한 필수적 수학 영역인 미적분의 중요성이 높아질 것입니다. 미적분은 속도와 이동 거리 등을 계산하는 도구로서 첨단 과학기술의 원리, 자연현상, 사회의 변화까지 포착해냅니다. 로켓 발사부터 시작해 차량 속도 측정, 딥러닝, 단층촬영, 애니메이션 등 우리가 일상생활에서 접하는 기술과 첨단 과학기술에 미적분이 응용돼 있습니다. 많은 이들이 미적분을 어려워하지만, 미적분을 떼어놓고는 변화하는 세상을 이해하기 어렵습니다[53]. 따라서 어렵다고 무작정 피하는 것보다는 차근차근 학습하여

---

53. 미적분의 쓸모/한화택 지음/더퀘스트

익혀가야 미래형 수능에 대비할 수 있을 것입니다.

　두 번째는 '논·서술형 평가의 확대'입니다. 정부는 킬러 문항 폐지와 아울러 논·서술형 평가 확대를 공언해 왔는데, 이번 개편안에서 반영되었습니다. 수능에서도 논·서술형 평가가 도입될 거라는 전망이 있었지만, 수능에서 배제되고 내신에서 논·서술형 평가를 확대하는 방향으로 정리되었습니다. 하지만 앞으로는 수능에도 논·서술형 평가가 반영될 가능성을 완전히 배제할 수 없습니다. 수능의 변화를 논할 때 바칼로레아처럼 모든 문제를 주관식 논술형으로 바꾸자는 연구가 진행되고 있기 때문입니다. 바칼로레아는 프랑스의 고등학교 졸업시험으로, 평균 50% 이상 점수를 받으면 모든 국공립대학에 지원할 수 있어 우리나라의 수능과 유사한 역할을 합니다. 바칼로레아의 모든 과목이 주관식 필기 혹은 구술시험으로 진행됩니다.

　논·서술형 평가가 확대되는 이유는 뭘까요. 앞서 언급했던 미래 인재상과 관련이 있습니다. 미래사회가 원하는 인재는 문제상황을 해결하기 위해 깊이 있게 사고하고 다양한 수학적 개념·원리·법칙을 이용해 해결방법을 찾아내는 사람입니다. 또한 자신의 생각을 글이나 말로 논리정연하게 표현해낼 수 있어야 하지요. 논·서술형 문제는 우리 아이가 그 같은 능력을 키울 수 있도록 도와줍니다.

　2023년 현재 중학교 2학년 이하 학년들은 이 같은 변화를 감안하여 학습계획을 세울 것을 권합니다. 이제는 문제를 빨리 풀고 선행을 부지런히 하는 학습만으로는 부족합니다. AI 시대를 이끌어갈 인재로서 필요한 지식을 쌓고, 수학적 사고력을 바탕으로 자기 생각을 논리정연하게 표현해나가는 능력을 키워야 합니다.

논·서술형은 하루아침에 잘할 수 있는 유형이 아닙니다. 어릴 때부터 수학을 잘할 수 있는 학습환경을 조성하는 게 무척이나 중요해졌습니다. 일상생활 속에서 수학 개념을 자연스레 익히고, 꾸준한 책 읽기를 통해 자기 생각을 말과 글로 표현하는 습관을 쌓아가는 게 중요합니다. 초중고 아이들은 논·서술형 문제를 꾸준히 풀면서 논리적이고 정확하게 풀이과정을 기술해나가는 훈련을 해야 합니다. 정확한 연산능력은 기본이고, 문제에 적용된 개념을 수식으로 만들어내는 수해력을 키워나가야 합니다. 양치기 학습보다는 한 문제라도 정확하게 풀어내는 게 중요합니다. AI와 디지털과 관련된 과목 학습도 소홀히 해서는 안 됩니다.

참고로 한국교육과정평가원 홈페이지(www.suneung.re.kr) '자료마당'에서는 수능 학습방법, 수능 준비방법, Q&A 등 양질의 자료를 제공하고 있으므로 참고하면 학습 방향을 잡아가는 데 큰 도움이 될 것입니다.

최상위 수학 능력자가 되기 위한 네 가지 조건

최상위 수준의 수학 실력을 갖춘 아이들이 있습니다. 수능 수학 점수별 문항은 2점 3문항, 3점 14문항, 4점 13문항 총 30문항으로 이루어져 있는데, 최상위 아이들은 4점 문제도 막힘없이 풀어갑니다. 1등급이 될 수 있는지의 여부는 초고난이도라고 불리는 킬러 문항에서 결정됩니다.

어떻게 하면 난이도의 끝판왕 격인 킬러 문항까지 맞힐 수 있을까요. 킬러 문항이 배제되어도 최상위권의 변별력을 가르는 문항은 어떤 형태로는 존재할 것이므로, 최상위 실력을 갖추고 싶다면 어떤 문제든 풀어낼 수 있는 능력을 갖춰야 할 것입니다. 저는 20년 넘게 수학 강사로 일하면서 최상위 수준의 아이들도 다수 가르쳤는데요. 이들이 가지고 있는 네 가지 조건을 여기에 소개하고자 합니다.

첫 번째는 '수학 개념의 명확한 정립'입니다. 최상위권 아이들은 초등학교 1학년부터 고등학교 3학년까지 배운 수많은 개념·원리·법칙 중에서 어느 하나에도 빈 구멍이 없습니다. 개념·원리·법칙을 완벽하게 이해, 적용하고 더 나아가 응용까지 할 수 있으므로 초고난이도 문제에 굴하지 않고 풀이방법을 찾아내는 것입니다.

두 번째는 '강인한 마음'입니다. 최상위권 아이들은 1등급을 향해 달려가기에 남들보다 훨씬 더 어려운 문제를 풉니다. 때로는 공부가 너무 힘들어서 울고 싶을 때도 많습니다. 그럴 때 강인한 마음이 자리잡혀 있으면 잠시 울더라도 무너지거나 포기하지 않습니다. 자신과의 치열한 싸움에서 지지 않고 반드시 성장을 이뤄낼 거라 다짐하지요. 어릴 때부터 성공 경험을 통해 자신감과 성취감을 키워줘야 하는 이유입니다. 정신력이 강하면 당연히 시험 때도 유리합니다. 2~3개의 킬러 문항을 제대로 풀려면 나머지 17~18개 문제를 20~25분 안에 다 풀어야 하는데요. "나는 할 수 있다" "반드시 성공할 것이다"라는 자신감이 확고하면 평정심을 유지하게 되고, 그러면 주어진 시험 시간 동안 침착하게 문제를 풀어나갈 수 있습니다.

세 번째는 '성숙한 수학적 사고력'입니다. 앞서 수학적 사고력은 계산능력·이해능력·추론능력·문제해결능력으로 구분된다고 소개한 바 있습니다. 이 능력은 어릴 때부터 일상생활 속에서 자연스레 수 개념을 접하고, 올바른 수학 학습을 함으로써 성장할 수 있습니다. 맨 아래에서부터 가장 꼭대기까지 단계별로 한 발 한 발 올라간 사람이 가질 수 있는 능력입니다. 최상위권 아이들은 수학적 사고력이 성숙되어 있기에 초고난이도의 문제에 도전해서 성공을 거둡니다.

네 번째는 '기초생활습관의 확립'입니다. 최상위권 아이들은 기본적인 생활습관이 건강하게 형성돼 있습니다. 시간 관리를 계획적으로 하고 교재와 노트 관리를 철저하게 합니다. 자신만의 정리 규칙에 따라서 방과 책상 위의 물품과 책들을 정돈해둡니다. 혹시나 몸이 아파서 시험을 망치면 안 되므로, 시험 때가 다가오면 체력 관리에도 신경을 씁니다. 다른 아이들이 스마트폰이나 게임 등에 빠져서 공부에 소홀할 때 최상위권 아이들은 절제력을 발휘합니다.

어릴 때부터 이 네 가지 조건을 차근차근 갖춰 나갔다면 최상위권을 노릴 수 있습니다. 단지 시험을 위한 학습이 아니라, 올바른 방법으로 지능적·정서적 성장을 했을 때 남들보다 괄목할 만한 성과를 거둘 수 있다는 뜻입니다. 물론 시험 점수를 위한 학습으로도 점수를 높일 수 있지만, 전국에서 등수를 다툴 정도의 실력은 오랫동안 준비된 학습능력과 강인한 마음, 뛰어난 수학적 사고력, 안정적인 기초생활습관이 밑바탕이 되어야 가능합니다.

사실 네 가지 조건은 원론적인 이야기에 지나지 않습니다. 엄청난 요령이나 비법을 기대했다면 실망스러울 것입니다. 그렇지만 아무리 최고의 성공이라 해도 그 비결은 평범하고 진부한 진리에서 벗어나지 않는다는 걸 기억해주었으면 합니다.

에필로그

책을 쓰게 되다니!

다 쓰고 난 후의 소감입니다. 솔직히 고백하자면 본래 저는 책을 쓸 생각을 하지 않았던 사람이었습니다. 제가 운영하는 학원에서 저를 찾아오는 아이들과 함께 수업을 진행하는 것만으로 충분히 만족하고, 행복하다고 생각하는 사람이었습니다. 보다 많은 사람들 앞에서 이야기하고 싶은 마음도, 학원생들을 더 많이 모아야겠다는 의지가 있는 것도 아니었습니다. 그런 제가 책을 쓰다니… 어쩌다가 이렇게 무모한(?) 도전을 하게 됐을까 하는 생각이 듭니다.

시작은 그저 '안타까운 마음' 때문이었던 것 같습니다. 수학이 중요하다고 강조되지만, 아이들이 진짜 수학을 좋아하고 잘할 수 있도록 학습환경이 조성되지 못했습니다. 공교육의 문제, 사교육의 문제가 뒤엉켜 있고, 어릴 때부터 잘못 형성된 학습법의 문제도 있습니다. 학습환경의 문제점으로 인한 피해는 고스란히 아이들에게 돌아갔습니다. 수학을 잘하지 못해서 자존감에 상처를 입고 자기 능력에 회의를 품는 아이들이 생각보다 많습니다. 부모들의 마음도 상했고요.

그런 모습을 오랫동안 지켜보면서, 우리나라의 교육이 이래서는 안 된다는 생각을 품었던 것이 이 책을 쓰게 된 출발점이었습니다. 수학 학습법을 담은 책이지만, 수학을 둘러싼 학습환경과 정서적인 이야기가 많은 부분을 차지한 건 그 때문입니다.

올바른 수학 학습법을 알려주는 책도, 훌륭한 전문가들도 많습니다. 그런데도 제가 부족함을 무릅쓰고 책을 쓰게 된 것은, 특히 학습환경 문제를 강소하고 싶었기 때문입니다. 우리 아이가 수학을 잘 못한다면 아이만의 문제라기보다는 환경 탓이 크다는 이야기를 하고 싶었습니다. 그래서 수학 때문에 좌절하는 아이들과 부모들에게 희망을 전하고 싶었습니다. 환경을 바꾼다면 우리 아이도 충분히 수학을 좋아하게 되고, 잘할 수 있게 될 거라고요. 공교육과 사교육의 변화, 부모의 따뜻한 관심과 응원이 필요합니다.

이 책에는 24년차 수학강사이자 현직 수학학원장, 세 아이의 엄마로서의 경험을 모두 정리하였습니다. 부모들이 꼭 알아야 할 학습환경의 변화, 수학 학습법 노하우, 내신 및 입시 전략을 꼼꼼하게 짚으려 노력했습니다.

책을 마무리하면서 소원을 빌어봅니다. 이 땅의 모든 아이들이 행복해졌으면 좋겠습니다. 어제보다 오늘, 오늘보다 내일을 기대했으면 좋겠습니다. 수학을 지금 당장 잘하든, 잘하지 않든 우리 아이들은 다른 누구와 비교되지 않고 각자의 속도대로 수학을 통해 사고하는 힘을 기르며 빛나는 내일을 펼쳐나가야 합니다.

아이들의 미래를 뜨겁게 응원합니다.

**수학 잘하는 환경은
따로 있습니다**

초판 1쇄 인쇄 2023년 11월 20일
초판 1쇄 발행 2023년 11월 27일

지은이 천지민
발행인 박보영
발행처 해뜰서가

편 집 김효선
디자인 플랜티
마케팅 이유리

등록번호 제2023-000093호
주 소 서울시 중구 삼일대로 343(저동1가, 대신파이낸스센터) 9층 104호
전 화 070-4300-1861
팩 스 050-4246-1861
이메일 haeddle0120@naver.com

ISBN 979-11-985283-0-8 (03370)

값은 뒤표지에 있습니다. 잘못된 책은 바꿔드립니다.

해뜰서가는 작가와 독자가 행복한 책을 만듭니다.
이 책의 모든 법적 권리는 지은이와 도서출판 해뜰서가에 있습니다.
저작권법에 의해 보호받는 저작물이므로
저자와 본사의 허락 없이 무단 전재, 복제, 전자출판 등을 금합니다.